Johann Ulrich Krauss

**Biblisches Engel- und Kunstwerk**

Johann Ulrich Krauss

**Biblisches Engel- und Kunstwerk**

ISBN/EAN: 9783743489547

Hergestellt in Europa, USA, Kanada, Australien, Japan

Cover: Foto ©Lupo / pixelio.de

Manufactured and distributed by brebook publishing software (www.brebook.com)

Johann Ulrich Krauss

**Biblisches Engel- und Kunstwerk**

Dem Aller Durchleuchtigsten,
Großmächtigsten, Unüberwindlichsten
Fürsten und Herrn,
Herrn
Leopold dem Grossen,
Erwählten Römischen Kayser,
Zu allen Zeiten Mehrern deß Reichs,
In Böhmē, Hungarn, Dalmatien, Croatien u. Sclavonien König,
Ertz-Hertzogen in Österreich, Hertzogen zu Burgund und Braband,
Steyr, Karnde, Crayn u. Lützenburg, zu Würtenberg, Ober u. Nider Schlesien,
Fürsten zu Schwaben, Margrafen deß Heyl: Röm: Reichs zu Burgau,
Mähren, Ober und Nider Laußnitz, Gefürsteten Grafen zu Habsburg,
Tyrol, Pfyrt, Kyburg und zu Görtz, Landgrafen im Elsas,
Herrn auf der Windischen March, zu Portenau u. Salins, &c.
Meinem Aller Gnädigsten Kayser und Herrn.

# Biblisches Engel- u. KunstWerck;

alles das jenige,

Was in Heiliger Göttlicher Schrifft Altes und Neuen Testaments Von den Heiligen Engeln Gottes Dero Erscheinungen Verrichtungen Bottschafften Gesandschaffte, auf mancherley Art und Weise auß Göttlicher Verordnung

Zu finden ist

Also, daß auch was von deß Engels deß Bundes und Großen Raths Jesu Christi deß Sohns Gottes ünsers Herrn und Heylands in Englischer Gestalt und Erscheinung, Thaten Worten und Wercken gemeldet wird;

So dann, was die erschaffene Ertzengel u. Engel in dem Geist Weltliche u. Haüß Stand, zu Unterweisung, Leitung u. Beschirmung, im Lebe Leide u. Sterbe der Gottselige, wider Gottes u. ihre Feinde, die böse Geister, und böse Menschen gutes erwisen In zierlichen Kupffern, mit beygefügten Teutschen Erklärungs und Andachts Reimen vorstellend:

Mit Fleiß Züsammen getragen, in Kupffer gestochen und verlegt von

Johann Ulrich Krauß, Bürger und Kupfferstechern in Augspurg. Anno CIƆIƆCXCIV

Mit Röm: Kayserl: Majest: Allergnädigst ertheiltem Privilegio

# Vorrede

## An den Kunstliebenden/ Günstigen Leser.

Ob es gleich nicht ohne ist/ daß das Wort des Weisesten unter den Königen Salomons/ Eccl. 12. v. 12. Viel Bücher machens ist kein Ende/ von manchem unter den Gelehrten dahin gedeutet wird/ als ob dardurch diejenige bestraffet werden/ welche/ nachdem schon so viel Bücher von allerhand Sachen gemacht und geschrieben seyen/ dannoch kein Bedencken tragen/ auch immer weiter noch etwas zu schreiben/ zu verfertigen/ und an das Liecht heraus zu geben/ so den grossen Hauffen der Bücher vermehre; Da dann hernach wieder andere kommen/ welche meinen/ es sey noch nicht genug geschrieben/ wollen ihre Arbeit/ Nahmen und Ruhm auch darbey haben/ und bleibe also dieses eine der nicht geringsten Eitelkeiten/ daß des Büchermachens/ indem es doch je länger je weniger nöthig oder nutzlich/ kein Ende sey; Welches dann auch mich wohl hätte von gegenwärtiger meiner Arbeit/ und Herausgebung dieses Engel-Wercklins abmahnen mögen: So sehe doch aus dem/ was der Lauff der Welt einen jeglichen täglich lehret/ daß dieses weisen Königs Wort gar nicht dahin gemeinet seyn können/ sondern vielmehr das Gegentheil anweisen wollen.

Ich lasse zwar den Gelehrten über/ die Frage zu erörtern: Ob nicht erst billich und recht sey/ weil der grosse GOTT/ welcher die Menschen lehret was sie wissen/ seine Gaben nicht nur unter den Menschen/ sondern auch den Zeiten nach/ unterschiedlich austheilet/ diesem jene/ jene einem andern verleihet/ und was in vorigen Zeiten entweder gar nicht/ oder doch nicht ausführlich bekandt und ausgekundschaffet gewesen/ in folgenden Zeiten erforschen lässt/ und offenbahr macht/ auf solche Weise aber/ als ein herrlicher Quell-Brunnen sich immer reicher und stärcker ergiesset/ daß die Menschen nicht nachlassen sollen/ was ihnen in Künsten und Wissenschafften vertrauet ist/ durch Bücherschreiben und andere Kunst-Ubungen dem Neben-Menschen kundt und gemein/ oder zu Nutzen zu machen/ so daß es erst recht nicht nur eitel/ sondern schädlich/ eben darumb aber thöricht wäre/ wann vor der Welt Ende des Bücher-machens ein Ende würde? Sage aber allein für itzo dieses: Daß mich

X obiger

obiger Spruch Salomonis von meinem Vorhaben nicht abgeschröckt / sondern vielmehr aufgemuntert / und zu desselben Fortsetzung angefrischet.

Ich hab die Zeit über / daß ich der löblichen Kupfferstecher-Kunst ergeben lebe / viel schöne und anmuthige Stuck / von mancherley guten Künstlern dieser Profeßion zusammen gesammlet / und hieran meine nicht geringe Ergötzung gefunden / niemahls aber zu handen bringen oder erfahren können einiges Biblisches Engel-Werck / in welchem / was die Heiligen Engel GOttes / den Menschen in allen Ständen / von Anfang der Welt Gutes und Liebs erzeiget / und in Heiliger Schrifft darvon Bericht geschicht / in Kupffern fürgebildet und entworffen wäre. Dahero hab ich kein Bedencken getragen zu meiner Gemüths-Belustigung / vorderst aber dem König aller Könige und HERRN aller Herren / meinem getreuen GOtt zu aller höchst-schuldigen Ehren / auf ein solches Werck mein Absehen zu richten / worinn vorgestellt werde / was die Heiligen Abgesandten dieses Ihres HErrn der Heerschaaren / nach Bericht Heiliger Schrifft / dem Menschen in allerley Begeben- und Gelegenheiten / auf Verordnung ihres Schöpffers / Liebs und Guts erzeiget / damit hieraus noch auf den heutigen Tag ein Christliches Gemüth sich in guten Gedancken erbauen / und / wie auch ihm die Engel GOTTES gerne zu handen gehen / wo und wie er auch auf seinen von dem HErrn Himmels und Erden ihm angewiesenen Wegen sich befinde / vertrösten könne.

Solte jemand seyn / der die aus solcher Arbeit den Engelen selbst zugehende Ehre spitzfündiger Weise anfechten und übel deuten wolte / den laß ich mit den Sadducäern / welche der Engel Freunde auch nicht seyn wollen / seinen Weg ohne der Engel Gunst und Schutz dahin gehen / schämte mich aber / wann ich diesen heiligen Menschen-Freunden nicht allein selbst ihre gebührende Ehre zu erweisen versäumen / sondern auch mit solchen ihren Sadducäischen Widersachern einige Gemeinschafft haben solte.

Demnach auch / weil meine Arbeit meistens in kleinen Stücken auf Kupffer bestehet / mir mit GOttes Hülffe vorgenommen / ein von 150. Halbbogen-Stucken bestehendes völliges Bibel-Werck zu verfertigen / worinn neben den Historien selbst / sonderlich auch Fleiß angewendet werden soll / daß alles mit raren und anmuthigen Prospecten / Perspectivischen Landschafften / prächtigen / und nach der besten Bau-Kunst gerichteten Palläsen / zierlichen Städten / auch eigentlichen Situation des heiligen Landes / merckwürdigen Ruinen / Wasser-Flüssen und Fällen / sonderlich aber mit netten Schilden und Einfassungen ausgezieret heraus kommen möchte : Als hab ich durch dieses Engel-Werck einen Entwurff und Project solches Werckes den Kunstliebenden guten Gemüthern vorheran zuschicken und zufertigen wollen.

Dannenhero hier der Anfang gemacht wird mit der Geburt Christi unsers Erlösers / und was hierbey von den Engeln vor und hernach geschehen / und ab-

gebildet

gebildet seyn mag / darauf die Geburth Johannis des Täuffers mit ihren Umbständen / und sodann Simsons; Weiter hin hab ich mein Absehen auf die drey Haupt-Stände unter den Menschen / den Geistlichen / Weltlichen und Hauß-Stand gerichtet / wie die liebe heilige Engel / in einem jeglichen deü Kindern GOttes voriger Zeiten ihren treuen Dienst geleistet / und solchem nach noch leisten / fürzustellen. Mehrere Engel und deren Geschäffte fürzubilden / wäre zwar noch wohl Gelegenheit / insonderheit aber aus der Offenbahrung des Heiligen Johannis gewesen / welche aber zu meinem dißmahligen Vorhaben nicht so wohl als in das Bibel-Werck selbst sich / meinem Düncken nach / schicken werden.

Weilen auch in Beschreibung des Todtes des ersten Martyrers und Blut-Zeugen Christi des Heil. Stephani gar anmuthig gemeldet wird / es haben seine Feinde sein Angesicht sehen gläntzen als eines Engels Angesicht / habe es nicht wohl lassen können / daß ich nicht auch dieses dem Engel-Werck einverleiben solte / welches hoffentlich niemand mißdeuten wird.

Im übrigen gestehe ich gerne / vor deß Momi vermuthlich nicht ausbleibenden Erinnerung / daß nicht alles und jedes meine eigne oder gäntzliche Invention / sondern ein manches von anderer guter Hand hergenommen sey. Dessen mich so wenig schäme / als die Gelehrten / welche in ihre Bücher anderer Gelehrten Gedancken und Worte tragen / und / wo es nur nicht wider die Maß geschiehet / sich noch dabey Lob und Ehre verdient zu haben versichern. So begehre auch nicht in Abrede zu seyn / daß ich mit Lust von guter Hand noch immer etwas zu lernen mich befleisse / welches meines Fleisses Würckung auch diese ist / daß ich von anderen etwas Gutes entlehne und meiner Erfindung und eigner Arbeit einverleibe / indeme ja ohne das das Lernen und Zunehmen in dieser Kunst auf keine andere Weiß / als mit Nachahmen anderer guter Arbeit / geschehen kan. Dann ob wohl die Künsten (will von Wissenschafften nichts sagen) allgemeinen Vermuthen nach / jetziger Zeit so gar hoch gestiegen / daß sie fast höher nicht können / so will mir doch nicht glaubwürdig seyn / daß die Kupfferstecher-Kunst bereits ihr Höchstes erreichet hab / nicht allein / weil es in derselben nicht so wohl seyn kan / wie in andern / indem ja / was andere mit Farben jederman kännlich machen / diese allein Liecht und Schatten / Weiß und Schwartz zum Behülff hat / welches sich immer besser ergiebet / je länger und weiter man der Sach nachsetzet / sondern weil auch die fürnehmste Künstler / von der Zeit an da man sie sehen für vollkommen und unvergleichlich schätzet / daß sie immer noch zu lernen haben / bezeugen / und mit ihren Zunehmen in dem Werck selbsten gnugsam darthun.

Nachdem ich mir auch selbsten die Gedancken leichtlich machen kan / es werden manche Liebhaber sich verwundern / daß ich bißweilen eine Histori unten an gesetzt und in das Kleine gebracht / welche billich oben stehen und in der grössern Vorstellung befindlich seyn solle; Als verhalte nicht / daß ich / so mir GOtt Gesundheit und Leben fristen wird / bedacht sey / wie schon gemeldet / eine gantze Historienſtorien-Bibel zu verfertigen und an das Licht zu geben / da dann / was hierinnen abgehet / ſich ſchon wird zu des Liebhabers Vergnügung erſetzen laſſen / bis dahin ich dann denſelben bittlich zur Gedult weiſe.

Sechſtlich bitte ich diejenige welche mein Arbeit tadlen werden / daran es nicht mangeln kan oder wird / eben daher / ſie wolten ſich belieben laſſen / wo ichs nicht recht gemacht / nicht allein zu verbeſſern / ſondern auch mir anzuzeigen / wo ich den Weg finden ſoll / auf welchem ich die Vollkommenheit ſowol als ſie erreichen möchte. Die edleſten Früchte kan man nicht ſo geſchwind als man wünſchet / von den Bäumen abſchütteln / ſondern man muß ſäen / pflantzen und begieſſen / und bis zum wachſen und zeitig werden der Zeit erwarten. Daher ich / meiner Schwachheit / mir wol bewuſt / mich an der Luſt immer in allem Guten zuzunehmen / vergnügen laſſe / im übrigen aber / daß auch das beſte Wiſſen in dieſer Welt / und die Erkäntnuß in geiſtlichen und himmliſchen Sachen (nach Pauli Red-Art) nur Stuckwerck iſt / mich tröſte / und dahin ſtrebe / daß ich die Vollkommenheit erlangen möchte in jenem Leben / wo man alle Geheimnuſſen verſtehen / und mit Engel-Zungen zu reden düchtig und ſeelig wird ſeyn in Ewigkeit. Welches / ſo wohl als mir ſelbſten / dem Kunſtliebenden Chriſtlichen Leſer von Hertzen wünſche

Johann Ulrich Kraus.

# Allergnädigster Käyser und Herr.

JE länger je mehr siehet man / daß den Gelehrten / so wol den Alten als Neuen nicht in allem zu trauen / oder / daß ich in gebührender Bescheidenheit rede / wo die Wort / so sie führen / aufzunehmen wären / wie sie oben hin gehört klingen / so müste man vermuthen / daß die Kupfferstecher=Kunst weit älter als man bißhero gemeinet / und zum wenigsten schon zur Zeit des sichtbaren Wandels unsers HErrn JEsU Christi auf Erden / in Ubung gewesen sey. Dann wie ich von gelährten Leuten berichtet werde / so hat nicht allein vor kurtzer Zeit ein gelährter Mann / mit Nahmen Reiskius, (nach Erzehlung *Act. Erud. Lips. A. 1686. Mens. Septembr. pag. 468.*) in seiner sechsten Exercitation von den Bildnüssen Christi des HErrn Meldung gethan einer solchen Bildnuß / *quæ per Nicodemum sculpta,* welche von Nicodemo gestochen worden; sondern es hat auch Athanasius in einem Büchlein von

[A]    dem

dem Leiden deß Bildnuß CHristi unsers HERRN/ wie nicht weniger der andere Nicænische Synodus desselben erwehnet. Obgedachter Scribent aber setzt bey seiner Erzehlung: Man habe längst oder von alten Zeiten geglaubt und dafür gehalten/ Nicodemus hab arte Sculptoriâ, (solte man doch bey nahe meinen dieses Wort müsse nach heutiger Red-Art/ von der Kupfferstecher-Kunst verstanden werden/) das Bildnuß CHristi verfertiget/ so/ wie es in den Tüchern/ darinnen der am Creutz verblichene Leichnamb deß HERRN zu Grabe kommen/ eingedruckt befindlich gewesen. Gleichwie aber bey dieser Erzehlung/ wo sie auch zu finden/ nichts von Kupffer/ sondern allein von Holtz/ nach dem Fürgeben angeführten Reiskii/ gesagt wird/ worein Nicodemus solche seine Kunst gebracht/ und die Gelehrten beeder Religionen so wohl von des Athanasii/ oder vielmehr Ihm zugeschriebenem obgenandtem Buch/ als von der Erwehnung gedachten Synodi, wie sie in Schrifften verfasst zu haben/ wenig oder wohl gar nichts halten; [ insp. Sever. Binius Tom. III. Concil. in Not. ad Conc. N°. II. sive œcum. VII. p. 598. Albertus Pighius in Diatr. Franc. Turrianus Apol. pro Synod. II. & VII. bellarm. de Rom. Pont. Lib. IV. Cap. XI. ad tert.] also fällt/ was von dem Alterthumb der Kupfferstecher-Kunst man sich daher Ubereylungs-weis einbilden mögen/ und so die gantze Sache/ dahin. Bleibt aber daher glaubwürdig/ der berühmte Künstler Albrecht Dürer sey derjenige gewesen/ der mit andern seiner Zeit hierzu den Grund gelegt/ und den Anfang dieser beliebten Kunst gemacht hab. Sehr ergötzlich solte es zwar seyn/ wann man das wahre Contrefait JESU unsers HERRN/ zumahlen von der Hand Nicodemi/ seines heimlichen Jüngers/ oder doch Liebhabers/ haben könte: Und hätte Nicodemus grossen Danck verdienet/ wann er es gekönnt/ und das Angesicht JESU in Kupffer/ oder auch Holtzschnitt gebracht hätte/ wie es ausgesehen/ da er des Nachts bey dem HERRN unserm Heyland gewesen und von demselben in dem Erkandtnuß des Wegs zum Himmel unterwiesen worden; Was solte dieses nicht für ein treffliches Nacht-Stück/ nicht nur zur eigentlichen Abbildung deß allerliebsten Angesichts JESU/ sondern auch/ wie wir zu reden pflegen/ seines aus demselben herfür leuchtenden Geistes gewesen seyn? Was solte dasselbe nicht für Hertz-bewegliche Erinnerungen/ Andachten und Gemüths-Ergötzungen gegeben haben/ bey einem Liebhaber JESU/ der es offt und viel vor Augen haben mögen? Bey nahe hätte man nicht/ wie von andern wohl-getroffenen Abbildungen/ sagen dörffen: Es fehlt ihm nichts als die Rede; Massen ja sonsten die recht entworffene Abbildungen heiliger Personen und Geschichten/ ob Ihnen gleich die Rede mangelt/ doch so starck in die Gemüther der Menschen reden/ daß sie wohl gestehen müssen: Sie bewegen vielfaltig mehr und stärcker als gute Wort solcher Erzehlungen.

Daß gegenwärtiges Engel-Werck/ welches für Eurer Käyserl. Majest. zu Dero Füssen ich allerunterthänigst niderlege/ dieses Glück haben werde/ gestehe ich aufrichtig/ daß ich selbst starck zweiffle/ indem meiner Schwachheit und der Geringfügigkeit daran gewandter Arbeit/ ich mir mehr als wohl bewust bin/ obgleich mein Absehen einmahl darinn fürnehmlich/ dahin gezielet/

zielet/ nicht so sehr die Augen als die Gemüther zu ergötzen/ und zu Englischen guten Gedancken zu bringen.

Unbeschreiblich groß solte jedoch mein Glück seyn/ wann alleinig/ daß
Ewere Käyserl. Majest. Welche / wie sonst an allen löbl. und zumahlen zu
GOttes Ehre und der Menschen geistlichen Ersprießen gerad zu anzielenden
Künsten / allermassen solche und mit selbigen die löbl. Kupfferstecher-Kunst
unter Dero von GOTT Wunder-mildiglich gesegneten Käyserlichen Regierung weit höher gewachsen/ als sie weiland gewesen / ein allergnädigstes
Belieben getragen / und solche dannenhero mächtiglich beschirmet und ge-
heget/ an diesen Engels-Bildern und Historischen Entwerffungen einige geist-
liche Gemüths-Ergötzung befinden und allergnädigst bezeugen würden.

Euerer Käyserl. Majestät erkühne mich also in allerunterthänigster Zu-
versicht/ welche nicht habe fallen lassen können/ dieses mein schlechtes Engel-
Wercklein Fußfällig zu überreichen/ und allertiefft-flehentlich zu bitten/ ob
dieselbe solches zu Dero Käyserl. Händen und Hulden allergnädigst aufzunehmen geruheten.   Weil es Welt-kündig und auch mir an meinem allernidrig-
sten Ort bekandt / ja bey der spaten Posterität unvergessen/ vielmehr aber/ wie
höchst billich/ Preiß-völlig bleiben wird/ was für ein rarer Eyffer brünstiger
Gottesforcht neben allen Käyserlichen hohen Tugenden in höchstem Grad
Dero GOtt-geheiligte Seele bewohne/ Krafft deren Euere Käyserl. Majestät/
was zu geistlicher Seelen-Andacht auf einige Weise förderlich seyn mag / be-
gierigst zu ergreiffen pflegen/ so wächset meine Hoffnung/ wo Euere Käyserl.
Majestät allerunterthänigst untergebene meine Engel-Bilder und Geschichten
allergnädigster Durchschauung würdigen/ es werde selbige in Euerer Käyserl.
Majest. GOtt-ergebenen Gemüth einige/ wo nicht vergnügliche/ doch nicht
widrige Erinnerung dehjenigen geben/ wodurch der HERR der Heerscharen/
der allgewaltige GOTT Euere Käyserl. Majestät in der That und Erfahrung
sehen und empfinden lassen / wie die Heiligen Engel fördrist an Dero aller-
höchsten Käyserlichen Person/ sodann auch an gesamptem Käyserl. Ertz-Haus
sich eyffrig und in grosser Liebe geschäfftig erwiesen / Ihre Ihnen von Ihrem
Regierer aufgetragene Wacht und Verrichtungen zu beobachten. Nichts
als eine unverantwortliche Vermessenheit wäre es/ wann Eurer Käyserl. Majest.
erleuchteter Seele ich/ auf was Weise Sie der Englischen genossenen Wohl-
thaten und Liebes-Wercke bey allergnädigster Durchsehung dieses meines
Werckleins sich erinnern möchten/ einige/ ob wohl allerunterthänigste Anleitung zu geben/ mich unternehmen würde ;   Daher für jetzo und so lang
unter Euerer Käyserl. Majestät als ein allerunterthänigster Knecht zu leben die
Gnade habe/ mich auf brünstig getreuestes Bitten und Flehen lege :   Der
allerheiligste grosse HERR Himmels und der Erden/ für welchem unaufhör-
lich tausend mahl tausend Heiliger Engel in seinem Himmels-Tempel dienen/
und zehnmahl hundert tausend stehen und seinen Befehl/ an die Menschen zu
verrichten/ aufwarten/ umbgebe mit dieser Heiligen Engel-Gvarde Euere
Käyserl. Majestät unabläßig/ und lasse dieselbe nicht nur Ihre Leib-Wacht
seyn / sondern auch Dero allertheureste Seele beschirmen für allem Ubel/
Schrecken/

Schröcken / Schaden und Anlauff der bösen Geister / aller Schuppen und Werckzeuge ihrer und des alten Höllen-Drachen / Er vertreibe dadurch alle böse Hoff-Geister so Eiverer Käyserl. Majestät preißwürdigste Regierung auf einige Weise stören und vergifften wollen; Es lasse der HErr HErr in dem Himmel dieses sein Heer außtzehen mit Eiverer Käyserl. Majestät getreuesten Helden und Armeen / wider alle Dero Feinde / die Er empfinden lasse / auch von solchen / wie seine Güte mit Dero gerechtesten Waffen sey. Ja diese starcke Himmels-Helden tragen wie bißhero / also künfftig hin beständiglich Ewere Käyserl. Majestät / nicht weniger Dero Käyserlichen Frauen Gemahlin Käyserl. Majestät / Dero Käyserl. Erb-Printzens Königl. Majestät / mit dem gesambten Durchl. Ertz-Haus auf Ihren Händen / daß Sie keinen Fuß an einen Stein stossen / biß Sie bey Ihnen seyn in Ewigkeit.

Eiverer Käyserl. Majestät.

Augspurg / im Augustmonat
des Jahrs nach der Geburth JESU Christi
1694.

Alleruntertähnigster Knecht

Johann Ulrich Krauß.

## Christlicher Discurs und Vorbericht von den H. Engeln.

Als den Gelehrten aus Wissenschafft der Sprachen bekandt ist/ daß nemlich das Griechische Wort ἄγγελος, und das darvon herrührende Lateinische Wort Angelus, so wohl als das Teutsche Engel/ anderst nichts als einen Bottschaffter und Gesandten/ nach gemeinem Brauch aber einen guten von GOtt erschaffenen Geist bedeute/ welcher von seinem Schöpffer in seltnen Geschäfften an die Menschen gesendet und gebraucht werde/ das wissen andere aus heiliger Schrifft und anderwertigen Historien und Geschichten/ oder wohl auch aus der Erfahrung. Von der unterschiedlichen Verrichtung aber desjenigen darzu sie von GOtt gesandt und angewiesen werden/ finden sich andere Nahmen/ die ihnen von GOtt gegeben sind. Weil sie wider das Satanische Heer für die Kinder GOttes wachen/ heissen sie Wächter/ dergleichen einen Daniel gesehen/ und genennet/ Dan. 1. Kinder GOttes werden sie genennet bey dem Hiob/ weil sie nicht allein gefällige Creaturen Gottes sind/ die seinen Willen treulich/ und in höchster Liebe gegen GOtt ausrichten/ insonders auch weil sie die Kinder Gottes und die Menschen als Brüder lieben/ und in einerley Genuß der ewigen Seeligkeit gröste Freundschafft üben werden/ wie sie jetzo schon solche Liebe spüren lassen. Engels-Namen findet man unterschiedlich/ nachdem es GOtt beliebt/ solche ihnen aufzulegen/ und der Englischen Liebe gegen demselben den Christlichen Hertzen Zeugschafft zu geben. Michael wer ist wie GOtt? Gabriel/ GOtt ist mein Stärcke. Raphaël GOttes Artzt. Uriel: Mein Liecht ist GOtt. Jeremiel GOttes Barmhertzigkeit/ und so fortan. Nach ihrer Würde und Ordnung darinn sie einander ungleich sind/ werden sie von S. Paulo genennet Fürstenthumb/ Thronen/ Herrschafften/ ꝛc. Gleichwie ihrer Art nach so sie in der Erscheinung haben/ Cherubim flammende/ Seraphim grünende. Was der H. Engel Ehren-Titul anlangt/ hat jener vielleicht nicht unebene Gedancken gehabt/ wann er dieselbige nach dem Wort ANGELUS eingerichtet und gesagt/ sie seyen: Amici Freunde/ Nuncii Bottschaffter/ Gubernatores Regierer/ Eversores Zerstörer/ Liberatores Freymacher/ Ultores Rächer/ Sospitatores Erretter.

Nachdem nun der grosse Schöpffer aller Ding/ GOtt Vatter/ Sohn und H. Geist neben den sichtbaren auch unsichtbare Creaturen zu erschaffen belieben getragen/ so daß der Mensch/ umb welches willen alles gemacht ist/ aus einer unsichtbaren Seele/ und sichtbaren Leib/ theils himmlisch und den Engeln darinn gleich/ theils irrdisch ist/ so befindet sichs in allen daß dann weil der allerheiligste Beherrscher aller Dinge/ die Engel zu Ausführung jeder seiner Wercke gebrauchen wollen/ solche unsichtbare Creaturen/ als Geister viel eines herrlichern stärckern Wesens und Krafft seyen als alles was sichtbar ist/ es seye was es wolle.

Die Schrifft sagt: GOtt mache seine Engel zu Winden/ und seine Diener zu Feuer-Flammen/ anzuzeigen/ daß sie in ihren Verrichtungen geschwind wie der Wind/ eyfrig wie Feuerflammen seyen/ welche überall durchreissen/ und über sich dringen. Und ob wohl zur Ausrichtung dessen/ was sie vorhaben sie der Hülffe der Leiber und sichtbarlichen Dinge gantz nicht vonnöthen haben/ so thun sie es doch aus Verordnung GOttes den Menschen zu Lieb/ daß wo sie unter ihnen zu thun haben/ in sichtbarer/ und zwar in Menschlicher Gestalt erscheinen.

Zwar sind die Gedancken der alten und neuen Lehrer auch nicht uneben/ daß der Stern/ der die Weisen aus Morgenland zum neugebohrnen JEsulein nacher Bethlehem geführet/ anderst nichts als ein Engel/ in Gestalt eines Sternes gewesen sey/ doch ist man der Sache auch nicht versichert.

Im übrigen ist es mehr vergeblicher Fürwitz/ als erlaubte Lehr-Begierde/ wann man zu wissen verlangt/ was es dann für Leiber seyen darinn sie erscheinen/ aus was/ und wie sie gemacht/ und wo dieselbige hinkommen/ wann sie solche wiederum ab und dahin legen.

X X          Erbau-

Erbaulicher und weit besser ists/ wann man aus den Worten heiliger Schrifft und der darinn fürgestellten Exempel/ auf ihren grossen Verstand/ Liecht/ Weißheit und Erkäntnuß sihet in welcher sie erschaffen/ und von dem grossen GOtt bekräfftiget worden/ nachdem sie die Zeit ihrer Prob aus-und in der Warheit bestanden sind.

Eben daher kombts/ daß ob sie schon vor der Zeit der Geburth Christi des HErrn das Geheimnuß der Menschwerdung des Sohns Gottes/ und des gesambten Erlösungs-Wercks nicht völlig verstanden/ indem es nicht nur an sich selbst wie Paulus sagt/ nach dem Belieben und Rath des grossen Gottes ist von Anbegin der Welt so viel verschwiegen gewesen/ sondern auch/ wie gemeldter Apostel bedencklich meldet/ von daran die Engel erst recht/ wie zwar vorhin allemahl/ doch nicht dem Willen GOttes zu widerstreben/ sondern vielmehr demselben gantz gemäß begierig gewesen in dasselbe hinein zu schauen/ dahero sie dann weder itzo noch vorhin allwissend sind; So hat doch gleichwol der grosse GOtt jederzeit sich gefallen lassen/ viel öffter zwar in dem Alten als Neuen Testament/ durch die Engel von diesem und andern grossen Geheimnussen an seine Liebhabere und Knechte grosse Offenbahrungen kommen zu lassen/ welche aber wie es wohl Bedenckens-wehrt mehr in Vorsagung künfftiger Dinge/ als in Glaubens-Sachen und Lehr-Stücken bestanden/ allermassen Daniel und Johannes vor andern dessen Zeugnüß geben.

Ob sie die liebe H. Engel/ in ihrer Wissenschafft und Erkäntnüß/ welche ihnen theils anerschaffen/ theils von GOtt Offenbarungs-weise gegeben ist/ indem sie schon so viel Secula durchgelebet haben/ aus der Erfahrung und so langer Ubung zunehmen und wachsen/ das ist eine Frage für die Gelehrten/ welche unter ihnen/ indem beyde Theile gegen einander artige Sachen wissen fürzubringen/ anmuthig zu hören/ hiehero aber nicht wohl dienlich ist.

Eben so starck wird noch unter den Gelehrten gefragt: Wann und zu welcher Zeit die Engel geschaffen worden seyen/ ob es geschehen sey vor Erschaffung der sichtbaren Welt/ oder mit dem Liecht/ oder zugleich mit dem Himmel/ oder mit den Sternen? Aber keinesen seine Antwort ist so starck/ daß sie nicht von einem Einwurff oder Zweiffel-Spruch könte wanckend gemacht werden/ und also weiter als eine Vermuthung heissen/ weil die heilige Schrifft nichts deutliches davon gesaget hat.

Gewiß ist gleichfalls/ daß von diesen mit einander gut und heilig erschaffenen Geistern/ viele durch Sünde gefallen/ und von GOtt in den Abgrund der ewigen Verdammnuß unwiderrufflich gestürtzet sind/ viele hergegen im Guten bestanden/ und ihrem Schöpffer getreu verblieben/ welcher sie deßwegen/ und zur Belohnung/ mit der Gabe der Beständigkeit (wie wir davon reden können) begnadiget/ daß sie nun nicht mehr sündigen oder fallen können: Ungewiß aber ob dieser oder jener Zahl grösser/ und eben also auch wie viel ihrer auf einer oder der andern Seiten seye. So schröcklich es ist/ daß man gleichwol mehr als wohl weiß/ es seyen der bösen Geister überaus viel/ so tröstlich ist hergegen auch daß der guten Engel gleichfalls eine wunderbahre Menge sich befindet/ daher dann die Sadducäer/ welche auch zur Zeit des sichtbaren Wandels JEsu Christi auf Erden so keck gewesen/ daß sie mit ihm selbst/ dem lieben Erlöser/ sich in eine Disputation eingelassen/ ob sie schon sich angestellt/ als ob sie Juden und des Glaubens Abraham seyen/ anderst oder besser nicht als die Atheisten mögen gewesen seyn/ indem sie/ gleichwie keine Auferstehung/ also weder Engel noch Geister geglaubet haben. Ihr irret/ und wisset die Schrifft nicht/ noch die Krafft GOttes/ sprach der HErr JEsus zu ihnen/ zwar in einer andern Sache/ so die Auferstehung der Todten betroffen/ hat aber wohl gewiß mit diesem Wort auch weiter und auf ihre übrige Irrthum gezielet.

Wer die Schrifft/ und aus derselben die Krafft Gottes weiß/ die den Engeln gegeben ist/ selbe den Menschen kund zu thun/ erkennet mit frölichem Danck gegen dem so gütigen GOtt/ daß der Engel Ampt und Lust-Verrichtung sey vorderst den lieben GOtt in seinem Heiligthum zu loben/ wie Esaias davon etwas gehört/ und die Hirten auf dem Felde/ da der Sohn Gottes war ein Mensch geboren. Die Art solcher Music, was sie sey/ lässt uns unser GOtt hier anderst nicht wissen als daß er unser Gemüth an sich zeucht und begierig macht hinauf zu trachten/ damit wir es selbst erfahren/ ja mit machen möchten.

Im übrigen ist diesen starcken Helden nichts liebers/ als wann sie von dem grossen GOtt immer commendiret werden dem Menschen Gutes zu thun/ dann sie sind allzumal dienstbare Geister/ ausgesandt/ um deren willen die ererben sollen die Seeligkeit. Da stehen
sie

sie und warten vor GOtt immer auf Ordre/ die sie treulich und ohne Mangel ausrichten. Es ist ihnen kein armer Lazarus zu schlecht/ daß sie nicht mit aller Liebe und Freude desselbigen Seele/ auf ihren Händen/ in Abrahams Schoß tragen und weissen/ also daß Christliche Krancken besuchen/ ihnen Gutes erzeigen/ auch wohl in ihrem Tod/ eine Englische Verrichtung sey.

Gleichwie sonst des grossen Gottes Ergötzung/ so zu reden/ ist/ seine Heilige und liebe Getreue wunderlich zu führen/ so haben diese heilige Frongeister/ ihre grosse Freude darinn sich dienstbar zu erzeigen/ daher haben sie solchen Eyfer/ wider den Satan zu stehen zu der Kinder GOttes Schutz/ und denselben und seine Engel so zu bestehen/ daß solche Gottselige/ an statt untertretten zu werden/ selbst auf diesen Löwen und Ottern gehen und tretten auf den jungen Löwen und Drachen. Braucht der Satan Menschen zu seinen Werckzeugen/ wie müssen die nicht offt erfahren/ daß eine höhere als Menschen-Macht ihnen widerstehe? Die Sodomiten werden mit Blindheit geschlagen/ daß sie Loths Thür nicht finden können: Die Syrer an dem Städtlein Dothan können vor dem Heer der Engel nicht beykommen/ ob sie schon nichts sehen. Auch im Feur-Ofen zu Babel ist ein Engel sichtbar bey den Gesellen Danielis/ der dem Feur die Krafft nimbt/ und dem Tyrannen den Trotz bietet. Bey Daniel ist der Engel des HErrn gerne in dem Löwen-Graben/ und bey Petro in dem Gefängniß: Wie solcher Exempel die heilige Schrifft nicht allein/ sondern auch die Kirchen-Historien selbsten gantz voll sind. Eben solcher Eyfer der Engel macht es auch/ daß/ ob dem grossen allwissenden GOtt gleich alle Dinge/ auch wohl ehe sie geschehen/ bekandt sind/ sie dannoch für die geplagte Kinder GOttes ihre Klage wider ihre Feinde bey GOtt anbringen/ so wohl als daß sie das Gebet/ Allmosen und andere gute Ubung für den Höchsten mit ihrem Ruhm bringen/ wozu anderst/ als daß sie ihre Fürbitt ablegen/ und desto eyender Hülffe für ihre Anbertraute erhalten?

Sehr tröstlich ist bey diesen kümmerlichen Zeiten/ daß/ wie diese starcke Helden/ sich gerne brauchen lassen/ zum Schutz/ nicht nur der Kinder GOttes absonderlich/ sondern auch wohl gantzer Länder/ wider den Satan und seinen Anhang/ sie auch gerne im Krieg wider die Menschen der gerechten Sache und Parthey auf den Befehl Gottes beystehen. Der Engel welcher dort in dem Heer der Assyrer 185000. Mann in einer Nacht erschlagen/ kan die Kunst noch/ und hat an Muth und Lust noch nicht abgenommen/ nachdem der HErr befihlt/ dem wider GOtt und sein Volck streitenden ungerechten Hauffen/ ein gleiches zu erzeigen.

Ein eyfriger Christ sihet dieses alles mit demüthiger Freude an/ und spricht: Ach HErr/ was ist der Mensch daß du sein gedenckest/ und des Menschen Kind/ daß du seiner dich also annimbst! Rüstet sich in dieser Zeit allezeit/ daß er weder GOtt noch den Engeln mit sichern ruchlosen Leben einen Eckel/ sondern vielmehr Lust mache bey ihm zu wohnen/ und begehrt also in dem verborgnesten Winckel nichts zu thun/ dessen er sich vor den allsehenden heiligen Augen seines Gottes und der Engel zu scheuen hätte; Gedencket er an seinen Tod/ und daß sodann der Satan sein eusserstes wohl versuchen werde/ die Seele noch zu erhaschen/ und in seine Gewalt zu bringen/ so weiß er/ daß die liebe Engel auch nicht weit davon sind/ weniger den Kürzern ziehen werden/ weder Engel noch Fürstenthum/ noch Gewalt wird ihn scheiden von der Liebe Gottes die da ist in Christo JEsu seinem HErrn. Und wie wir ans den Worten Christi hören/ so werden an dem Jüngsten Tag/ die heilige Engel gar geschäfftig/ und mehr als jemahl eyfrig seyn die Schafe des HErrn JEsu von den Böcken zu scheiden/ und die Gesegnete seines Vatters dem Leibe nach so wohl als der Seelen nach in sein Reich zu zu bringen/ da sie seyn werden in allem ἰσάγγελοι, gleichwie die Engel Gottes. So ist ja auch Freude dahin zu gedencken/ indessen aber Fleiß auf der Menschen Seiten billich auch groß/ daß sie den Engeln ihre Freude/ an statt zu vermindern/ vergrössern/ und dahin trachten/ daß wie sie gerne bey den Menschen auf Erden sind/ man auch trachte zu ihnen zu kommen/ welches aber weder die Engel noch Menschen erhalten/ wo nicht zeitlich und beständig ihnen diese Freude wird/ wovon JEsus sagt: Freude wird seyn für den Engeln GOttes/ über einen Sünder der Busse thut.

So hilff dann uns HErr JESU den Dienern dein/
Die mit deinem theuren Blut erlöset seyn.
Laß uns im Himmel haben Theil
Mit den Heiligen Engeln im ewigen Heil. Amen.

## Schrifft-Stellen
### Aus den Heiligen Kirchen-Lehrern
### Von den
# H. Engeln.

Epiphanius. Hæresi. 64. pag. 144. C.

Die Engel sind von GOtt gemacht/ umb der Fürsehung willen derer Dinge so er geschaffen hat.

S. Damascen. lib. 2. de orthod. Fide c. 3. pag. 68.
GOtt ist der Engel Schöpffer und Werckmeister.

S. Damasc. lib. 1. Orthod. Fidei. c. 3. p. 70.
Ihr Wandel ist im Himmel/ und haben deß einige Werck zu verrichten/ nemlich GOtt zu loben/und seinem Göttlichen Willen zu dienen.

S. Athanas. Serm. 4. Contra Arianos. pag. 172.
Eines Engels Eigenschafft ist/ GOtt nach seinem Gebot dienen und gehorsamen.

S. Hieron. in Eccl. c. 7. Tom. 7. F. 30. D.
Die Engel dienen dem Menschlichen Geschlecht.

S. Bernard. Serm. 77. super Cantic. fol. 183. H.
Es stehet wohl umb dich/ O du liebe Mutter/ und Christliche Kirche/ deine Hütter sind heilige Engel/ und deine Wächter sind Geister.

S. Damas. l. 2. Orthod. Fid. c. 3. p. 70.
Die Engel verwalten/ und heissen uns verrichten dasjenige/ damit wir zu thun haben.

S. Bernh. Ser. 12. in Psal. 91. qui habitat. fol. 80. L.
Die seligen Geister sendet GOtt umb unsert willen zum Dienst/ Verordnet sie und zu Wächtern/ heisset sie/ unsers Anweiser zu seyn.

S. Bernh. Serm. 11. in Psal. 91. qui habitat fol. 80. F.
GOtt hat seinen Engeln befohlen/ nicht zwar/ daß sie dich sollen abwenden von deinen Wegen/sondern daß sie dich eher auf denselbigen behalten/ und gleichsam durch ihre Wege/ deine Wege richten auf seine Wege.

S. Bernh. Ser. 12. in Psal. 91. qui habitat. fol. 80. M.
Die Engel sind bey dir/ daß sie dich beschützen: Sie sind bey dir/ daß sie dir nutzen. Sie tragen dich auf den Händen/ daß du durch den Anstoß hindurch gehest.

S. Bernhard. Ibid. fol. 81. B.
Die Engel sind immerdar bey uns zum Schutz und Trost.

S. Hilar. Psal. 137. pag. 595.
Die Menschliche Schwachheit wird durch der Engel Hülffe beschützet/ und in aller Gefahr/ wann der Glaube bey uns bleibt/so haben wir bey den geistlichen Krässten (oder Engel) Beschirmung.

S. Bernh. Meditat. c. 10. fol. 119.
Wann die Seele vom Leib abgesondert wird/ so kommen die Engel/ nehmen und führen sie für den Stul des Richters.

## Von den bösen Engeln.

S. August. contra Pelagianos. Hypognost. l. 1. Tom. 7. col. 1365. B.

Der Teuffel ist von Natur ein Engel/und was er von Natur ist das ist Gottes Werck: Daß er aber ein Teuffel ist/ das hat er von seinem Laster/ indem er des Guten in seiner Natur übel gebrauchet hat.

S. August. Epist. 116.
Der Teuffel ist unter allen Sündern der erste / und wird nimmermehr zur Gerechtigkeit bekehrt werden können.

S. Damascenus l. 2. Orthod. Fidei c. 4. pag. 77.
Es haben dem Teuffel gefolget/ und ist mit ihm abgefallen ein unzehliche Menge unter ihn gehörige Engel.

Origenes l. 2. in Job. Tom. 2. Fol. 22. I.
Der Teuffel ist nicht von Natur böse gemacht / sondern durch seinen Willen böse worden.

S. Cyprian. Ser. 2. de Zelo. & Livore. pag. 132.
Der Teuffel ist ein Meister des Verderbens.

S. Hil. Psal. 119. N. pag. 455.
Diß ist des Teuffels eigenthümliche Arglistigkeit/ daß er die Menschen zu sündigen anreitzet/ und die / so da sündigen/ anklaget.

S. Gregorius Magn. l. 3. Moral. c. 14. fol. 13. B.
Von Anfang der Welt her / hat sich der Satan bemühet/ den Leib (oder die Kirche) unsers Erlösers zu überweltigen.

S. Cyprianus Epist. 1. pag. 2.
Der Teuffel suchet nicht die / welche er schon bezwungen hat: Er ist nicht begierig umzustossen/ die / welche er ihm schon eigen gemacht hat: Er gehet fort diejenige zu sich zu locken/ in welchen er Christum siehet wohnen.

S. Hieronymus in c. 31. Jerem. Tom. 5. fol. 160.
Die widerwertige Macht des Teuffels ist stärcker/denn die schwache Natur des Menschen.

S. Damasc. l. 2. Orth. Fid. cap. 4. p. 77
Die Teuffel haben keine Gewalt wider jemand / und keine Macht/ es sey denn daß ihnen GOtt solches verhänge und zulasse.

Ibid. pag. 78.
Sie können dem Menschen zwar Boßheit und Unsauberkeit eingeben/ wann es ihnen erlaubt wird / aber sie können niemand zwingen.

S. Hilarius, Psal. 143. pag. 630.
Durch die Zukunfft des HErrn / ist die Gewalt des Teuffels zerbrochen und zertretten/ weil er dem Glauben der Heiligen unterworffen ist: nicht daß er nicht annoch grosse Kräffte seiner Gewalt hätte/sondern dadurch/ daß er etlicher massen unterworffen ist/uñ durch den Zustand gegenwärtiger Unterwerffung/ zu billicher Rach und Straffe wird bereitet.

Der Grosse Engel deß Bunds stellet sich in seinem Tempel ein nach der Weissagung. Mal. 3.

Hier brücht und stellet sich der Allergrosse Engel
deß Bunds und grossen Raths in seinem Tempel ein.
Die Absicht soll zwar nichts alß einig dise sein.
Daß Er bey seinem Volck die Lehr- und Lebens Mangel
verbessere und darauf gedultig möchte buessen
der Sünden Schuld und Straff so uns hett treffen müssen.

O unglückhafftes Volck, du hast dein Glück verachtet,
in dem die Freuden-Stim der Kinder dich verdreusst:
Wohl dann dem Christen Volck daß seiner Schantz wohl achtet
und Hosanna singt dem der Ihm Heyl erweisst.
Und öffnet Thür und Thor dem König aller Ehren
Daß Er mit seiner Gnad nicht ab laß einbikehren.

Der Engel des Bundes von der Heiligen Jungfrauen Maria Empfängnuß u. Gebehren.

Wann gleich auch Gabriel nur sich hat sehen lassen,
Da Er der Heiligsten Jungfrauen Botschafft bracht:
Gott woll dir reiner Leib soll seinen Sohn umbfassen
Als der auch Ihr ein Mensch zu werden sey bedacht:
Wer zweifelt aber daß der zarte Engel Orden
Ob wohl nicht sichtbarlich doch da gewesen sey.

Wie Sie, da Gottes Sohn ist Mensch gebohren worden,
Die neue Freud dieselb den Hirten brachten bey?
Je sehr die Engel nun sich deines Heyls erfreuen
Wan du, wie Gott dir gönt, dasselb nimbst in acht:
Je sehr widertht O Mensch, daß Sie betrübet seyen
Wan deine Bosheit dich deß Heyls verlustig macht.

2.

Luc. C. v. 13. Der Engel Gabriel zeigt dem Priester Zacharias die Gebührt seines Sohns Johannis an.

Dem, der der grösste soll im Reich Messiä seyn:  
Der dem Messiä soll in seinem Ampt vorlauffen,  
der Gottes eignen Sohn mit eigner Hand soll Tauffen,  
Stellt, eh Er ist und lebt, Zu seinem dienst sich ein

Deß Höchsten grösster Bott, der in dem Heiligthumb  
dem Vatter deutlich sagt des grossen Gottes willen,  
den seines Sohns Gebührt mit wunder soll erfullen:  
Von daran biß dahin bleibt Zacharias stumm.

3.

Ein Engel Gottes zeiget Simsons Gebuhrt an.
Durch den Engel Gottes aus den Frommen Volck wird Mele Zum Richter uber Ihren verordnet. Und Mose
Gideon wird Zum Richter uds Helfer Israel beruffen durch einen Engel Gottes. Buch der Richter 6.

Wen Gott das Richter amot bestimet zuverrichten           Wann wider Midian soll Hülff von Gott erweisen
Da macht Er seinen Rath vor der Gebührt uns kundt         Der dorffre Gideon: Zeigts Gott durch Engel an.
Wie Simsons Mütter hier thut eines Engels Mund.           Wer ist; der nicht hierauß mit Freuden sehen kan
Wann, Mose Gottes Volck soll aus Egypten flüchten:        Wie den Regenten Stand Gott selbst so mit woll preisen.

### Gekröntes Haupt Englische Schutzwacht

Weil ein Gekröntes Haupt vor andern für sein Leben
Mit Fleiß fürsorgen hat durch gute treue Wacht,
Ist Er vor andern auch mit Leuten stets umbgeben,
Die für Dasselbe stehn und wachen Tag und Nacht.
Allein der Engel wacht thut doch hierbey das Beste,
Die stehen gern bey Hoff den Frommen Fürsten bey,

sind treiben mächtig ab vil böse Feind und Gäste,
So Menschen macht nicht kan, ü, wär sie noch so treu.
Als schlaffet Jedermo mit Engel schutz umbstellet,
Der Engel Eyffer treibt den bösen Hoffgeist ab,
Wie so vil Tausend dort ein güter Engel fället,
Damit Hißkias Rüh für seinen Feinden hab.

## Die H. H. Engel große Freunde der H. H. Propheten.

Weil die Propheten sind von Menschen Gottes Engel,
So ist auch gegen sie der Engel Liebe groß.
Klagt Esaias dann dort seiner Lippen Mangel,
Mit einer Kohle machet ein Engel Ihn gleich los.
Da er die Herrligkeit deß Herrn im Tempel sihet,
und hört deß Engel Chor heisst selben Music klang.

Elias weiß nicht was sein König sich bemühet,
Ein Engel zeigt Ihm an, verquicket sey der Gang,
Und was es Daniel der Engel Freud gewesen,
Laße sich mit werten hier nicht einigsam zeigen an,
Auß seinem Büchlein selbst laißt sichs vil eher lesen,
Wie hoch der Engel Gunst bey Menschen trewen kan.

6.

Die dem Hohen Priesterlichen und Apostel- auch sonst dem Geistlichen Stand sehr gewogene Engel.

So sehr der Satan mag den Geistlichen zusetzen,  
Wie Er an Ihnen wohl so list- als Grim nacht spürt;  
So ist hingegen doch der Engel Ihr Geneigten  
Daß Sie den Geistlichen zu dienst stehn auf der wart.  
Steht dort den Josua der Satan gar zur Rechten,  
So schlägt der Herr Ihn selbst von solcher Freiheit ab.

Und sind schon Engel da mit Lust für Ihn zufechten,  
Daß Er verlaßne Näh vor seinen Klauen halt.  
Will seinen Engel dort Johannes so hoch halten  
Daß Er Ihm fällt zu Fuß, hält Er Ihm solches ein.  
Wer Gott in diesem Stand getreu bleibt, laß Ihn walten,  
Mann seine Feinde schon gar alle Teufel sein.

## Die Vertrauliche Gemeinschafft der H. Engel und frommer Haußleute.

Mit Zweyen Engeln kombt zu seines Freundes Hütten
Gott selbst und kehrt zu Gast bey Abraham dort ein
Läßt sich auch gern und bald zu dem Mittag Mahl bitten
Nimbt gnädiglich fur lieb und läßt sich gar wohl seyn.
Mit Wunschen voller Freud, erfreut sich zum Gesellen
der Engel Raphael Tobie auf die Reiß.

und da der Alte sich hernach sucht einzustellen
Mit Gaben und Geschanckt, das Er Ihm Danckh erweist
Nach wohl vollendter Reiß, macht Er Ihm erst zuwissen
Das Er ein Engel sey von Gott zu Ihm gesandt
und fahrt so auff, zu Gott. Diß kansstu auch geniessen
wan du den Engeln dich mit frombkeit machst bekandt.

## Der Engel Dienst den Jungfrauen zu gut

Weil Joseph sein Gemahl Mariam schier will haßen
Da Ihre Jungfrauschafft bey Ihm im Zweiffel steht
Das Er mit dem Entschluß im Hertzen gantz umbgehet
Nicht klüger selbst zu sein, sie heimlich zu verlassen:
So zeigt ein Engel Ihm der Sach Bewandtnüs an.

Die Keusch- und Reinligkeit die güte Engel lieben,
So hindern sie mit Lust, was solche möcht betrüben,
Die man an Leib und Geist für Jungfern halten kan.
Sie mag die Töchtern Loths ein Engel gern bewahren:
Mariam auf der Reis: Wie Judith gleichs erfahren.

## Die H.H. Engel frommer Jünglinge gute Freunde

Der H. Jacob segnet die Söhne Joseph, er bittet für sie der
Freud schafft lauter heylß beugt adversis. Gen. 49. v. 15.

Der H. Engel Raphael wirdt würdig deß
Lebens Retter. Tob. 12. v. 1.

Der H. Engel führet den Eliezer, daß er dem Isaac ein
Freud Isachin soll, auß seiner Bluth. Gen. 20. v. 7.

Die Engel sind nicht leicht in Manns gestalt erschinen
Alß Jüngling vor wohl, wie sie erschinen sind
Die Frommen auff beselch deß Höchsten zubedienen
So sicht man, daß sie ieren sein frommer Jüngling Freund.
Mit keinem bessern Freund weiß Jacob für zu sehen
Die beede Josephs Söhn, als man ihm wünschen bestellt.

Daß der Ihm hab gefuhret auch Ihnen mög beystehen.
Wie Raphael sich vor Tobia beygefellt,
Er ihr ein Engel auch der auff der Heyraths Reise
Dem Isaac zu gut, den Elieser führt.
Wolts daß solch ein Freund der gleichen dienst erweise
Er thue auch gegen Ihm wie einem Freund gebühret.

## Frommer Braut Personen Englische Freundschafft.

Dem Jungen Tobias und Neüen Friderinen deß Engels Nachstell- seinn Engelißhafts Beÿn erlehrt, so — vermahlen, von beeden Kinden, v. 15. under Raguelen, Yl—.
in dessen aber der Palas in die Weste verdrewen. Tob — — . Den Raw wird seine Braut Johannes selber Nachsteren theiles Engelfahrt, Gen. 24. 11.

Es mag den Satan nun gleich noch so sehr verdriessen,
Daß Gottes Engel Freund der frommen Eheind sind;
Doch wird Er, wie Er wehrt, es gleichwohl leiden müssen.
Wann Er sich etwa will an Braut-Personen wagen,
die Gott ergeben sind, wie deß Tobia Braut.

Als die wohl bitterlich so lang und viel mußt klagen,
biß Ihr das fromme Hertz Tobia wird vertraut.
Allein, da mußt Er fort und Sie mit freiden lassen,
und so trült seine Braut dem Haar auch zu.
Wie soll ein frommes Hertz hierinen den Muth nicht fassen?
Gott schafft vor disem Feind auch Ihm verlangte Ruh.

Ein Engel erscheint dem betenden Cornelio  
Act. C. 10. v. 3. 3  

Der H. Engel Liebe zu den Heyden.  
Cornelio wird von dem Engel zu dem HErrn bekehrt. Centurio aus  
Nierenland geheilet. Act 10. v. 1. 2  

Die Engel im Himmel vor Gott an.  
Apo: 7. v. 9.  

Der Heid Cornelius, der Gott noch nicht recht kennet  
Rufft Gott doch emsiglich umb sein Erkäntnuß an  
Darüber ihm der Herr die grosse Gnade gönnet  
Daß ihm ein Engel selbst darauff hätt kundt gethan  
Sein Beten sey erhört. Der Cämmerer ist reisen  
dort nach Jerusalem zu beten an dem Ort.

Das wird von Gott so wohl und gnädig aufgenommen  
daß gleich ein Engel schickt Philippum zu ihm fort  
zu lehren Gottes wort und ihn so baldt zu tauffen.  
Sehst wie die Engel dort mit grosser Schaar und Hauffen  
Verehren unsern Gott mit Beten. willst sein  
Der Engel Freund. stell dich im Beten fleissig ein.

### Englische Macht und Beystand dem Volck Gottes wider die Tyrannen geleistet

Zu klein ist Menschen Macht· Zu klein ist das Vermögen·
So wider Gottes Volck Tyrannen tertzig macht·
Schütze Gott alleinig weiß vom Engel Heer entsetzen
So ist die grösste Wuth der Menschen schon verlacht·
Denck hier schau der Tyrann auf seine Elegtanten·
und stürmt gantz rasend toll auf Gottes Volck hinein

Zween Engel zeugen sienlich· bey Ihren Schutz verwandten·
Daß Ihnen Eberhayr· und Mächten gleich viel seyn·
Allein wann Gottes Volck Gott selbst will widerstreben·
und heist doch daß Ihm Gott in Nöthen stehe bey·
Kan Ihm das Engel Heer gar leicht die Nachricht geben·
Daß es solch einem Volck wohl selbst nicht günstig sey·

13.

Englische Hülffe in rechtmäsigen Kriegen denen FeldHerrn geleistet

So sind die Engel dann auch der Soldaten Freünd!
Und warumb dises nicht: Gott selbst hilfft Ihnen streiten
Wann nemlich Ihre Feind Er auch nennt seine Feind:
Von Zwölffen mußt zween dem Juda sein zur Seiten
Wan Er für Gottes Volck mit wilden Heyden kriegt:
In solcher Allianz ist gut im Feld zu wagen

Wer solche Helffer hat wird nimmermehr besigt
Es mußt vom Himel Blitz und Donner Keul deren schlage.
Wann dort der General der Engel tritt heran
so ist mit Jesua die Ordre gut zunehmen:
Diß ist ja was besondes und nützlich machen kan
Solch einem Obristen zur Nachfolg sich bequemen.

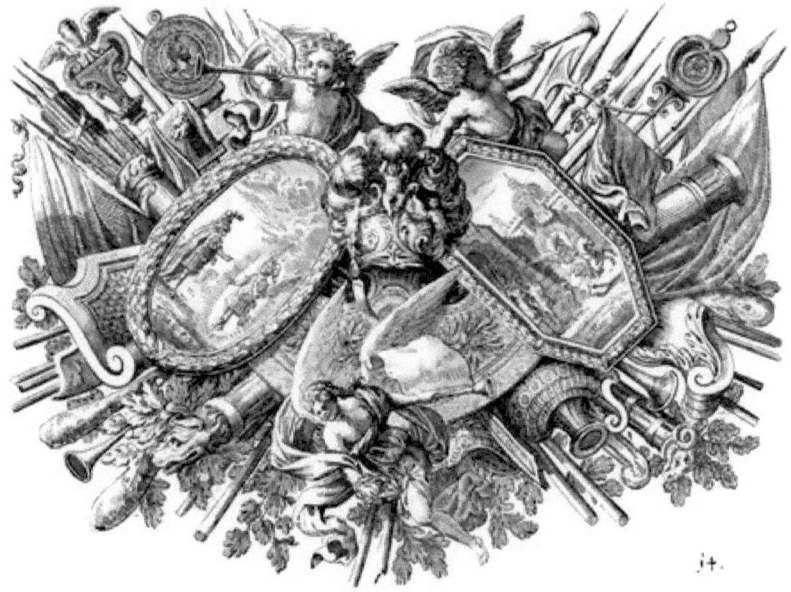

Will gleich der Syrer Heer dort den Propheten fangen, und meint Er sey bereits in Ihrer Macht verstrickt; Kan auch, als sey Er schon im Sack, hochmüthig prangen, so daß Elisa selbst, sie sehend, sehr erschrickt: So weiß Elisa doch, auf sein Gebet, zu zeigen, Daß Gottes Engel-Heer gantz nah und stärcker sey.

Darum Goliath muß ob solchem Anblick schweigen, und andern sein verthun gemachtes Weh-Geschrey. Auch wann das Jesulein Herodes meint zu tödten, so weißt ein Engel gleich zur flucht den Joseph an, und nach Herodiß Todt zu ziehn. In allen Nöthen Mein Christ vertrau dich Gott, der doch erretten kan.

## Englische Beschirmung der Keuschen Hertzen

Waß dort die wilde Rott der Sodomiten wütet,
Und stürmet mit Gewalt auff Loths behaussung zu,
Wird Er und all sein hauß, von Engeln so behütet,
Daß, ob die gantze Nacht sie gleich wacht haben Ruh,
Doch dise wüste hund mit Blindheit sind geschlagen,
biß sie der helle Tag mit Schanden gar abtreibt.

So muß ein Engel auch, besonders Auffsicht tragen,
Daß die Susanna doch, bey Ihrer Keuschheit bleibt,
Ob schon die Schalkhe Sie gemeynt zu überwinden.
Nim, Keusche Seele, nur die Keuschheit selbst in acht,
So wirstu in Gefahr gewißlich wohl empfinden,
Die Keuschen Engel sind der Keuschen Seelen wacht.

In grossen Nöthen den Frommen geleistete Englische Rettung

Es hat ein frommes Hertz im Himmel und auff Erden
Doch keinen bessern Freund, nach seinem Lieben Gott,
Alß Gottes Engel Schaar, der helffen in Beschwerden,
Und halten treulich mit, mich in der höchsten Noth,
Soll Lot, alß Gottes Freund, sein Leben noch erretten
Wann Sodoma mit Feur vom Himmel undergeht.

So sind zwen Engel da, die freundlich an Ihn tretten
Und führen Ihn herauß, Den Dreyen Mannern steht
Im Feuer Ofen dort ein Engel bey gesellet.
In grosser Wassers noth stellt sich bey Paulo ein
Ein Engel, der von Gott besonder ist bestellet
Daß Er im Schiffbruch soll sein treuer Noth Freund sein.

Reisender Gottseliger Personen Englisches Geleit.

Schau, frommer Reisender, wie die Schrift hab bestellet
Der Engel Gleit und Schutz; Stellt sich gleich dort ein Feind
Der Engel Heer, da Er den Jacob scharff anfallet.
Er und der Engel Seiger sind dannoch seine Freund;
Er selbst geht nach dem Kampff ihm den regenwischten Segen
Schleust Er im serein Feld; So halten Sie die wacht;
Reist Er dann weiter heim, so kommen sie entgegen
Mit Ihren grossen Heer, und haben fleissig acht.

Daß Ihm und was Er hat, der Satan nicht mög schaden
So wird daß Istens Volck, auff seyner Reiß geführt
In hem gelobten Land, in Gottes Schutz und Gnaden
Tobia weiß geführt, macht daß Er glücklich kehret.
Dem bossewicht Bileam, ob sey gleich nicht kan sehen
Sein Esel sihe es doch, halt Gottes Engel an
Und weichet nicht, biß Er es merckt, ihm starck hinüber steht.
Heerinnen spiegle doch, du Frommer wandrer Mann.

38.

Der H. Engel Beystand den Frommen in der Versuchung geleistet.

Nach dem Sahen deß Satans versuchung wird Jesus von den H. Engeln bedienet.    Gott selbst versucht den H. Abraham seinen Sohn zuschlachten doch wehret der Engel.

Wie Gott selbst seinen Sohn in diese Angst Feur setzet  
Daß in der Maßen dort der Satan Ihn versucht  
Der Ihn zum Drittenmahl entsetzlich hat gehetzet:  
Da wider Jesus sich wehrt mit dem Heiligen Buch  
Und läßt die Engel sich darauf ins Mittel legen  
Der Satan muß hinweg: Sie stehen Jesu bey.

Wie Gott den Abraham versucht und so mag wägen  
Wie standhaft wohl sein Glaub u. sein Gehorsam sey  
Und da Er bleibt begehrt: Die That darauf vermehret:  
So bleibt in diesem Feur noch so unversehret  
Aber Gott anstehen bleibt: Er läßt Ihn nicht allein.  
Auch selbst der Engelschaar will gern sein Beystand sein.

Der H. Engel Bedeckung Mangel und Nothleidenden Frommen getröstet

Mag großer Leute Glück und Reichthumb nicht kan heißen    So mag der Engel Schaar die Armen auch nicht haßen
Ein Zeichen daß der Herr bey Ihnen steh und sey :    Vilmehr : wan Gott es heißt : ist erst was sie ergözt
So mag des Durfftigkeit und Mangel nichts erweißen    Daß sie den Durfftigen in Mangel etwaß bringen:
daß dem den solche drucket ; sein Gott nicht stehe bey.    So bringt ein Engel dort Elia Trunck und Speiß.
Was Gott die seine nicht mag gantz und gar verlaßen    So muß dem Daniel durch Engels hülff gelingen
Ob Er sie manch mahl gleich in Noth u. Mangel seh :    Daß Hünger oder Löw Ihn weder freß noch beiß

20.

## Geängstigt- und betrübter Seelen Englischer Beystand.

Schau, Liebe Seele, wie dein Jesus Blut hier schwitzet,
in grosser Seelen Angst, die deine Sünd Ihm macht,
und Ihn, als sey Er gar im Höllenpfuhl, erhitzet:
Diß leidet Er für dich, ach nimb es wohl in acht!
Er schwitzt für mich und dich, für dein und meine Sünden
und druckhnet sie gar ein in Ihn der Tröster Kräfft:

Daß auch ein Engel sich dabey mag finden winden,
Ihm der sein Schöpffer ist, zu geben Trostes Krafft.
Der Hager weißt dort auch ein Engel eine Quelle,
Die Sie und Ihren Sohn in Angst und Noth erquickt.
So halte fest in Angst, dann daß sie dich nicht falle,
Sorgt Jesus, der die wohl auch Engels Hülffe schickt.

### Engeleite Hülffe Unschuldig Gefangenen geleistet.

Act: 5. v. 19. Da von den Salvatoris vor Gefängniß schwebte, wurden von einem Heyden Engel frey gemacht.
Act: 12. v. 7. Der H: Petrus wird von einen H: Engel auß dem Gefängniß geführet.

Ob den Aposteln gleich will ihren Mund verschliessen,
Der Juden Priester mit der Sadducäer Rott,
Daß diese Heylge Leut in daß Gefängnuß müssen,
Machst Gott doch Ihren Wuth gar bald zu Schand u. Spott.
Ein Engel geht hinein macht Ihnen disen Possen,
und bricht durch Thür und Thor, in daß Gefängnuß ein.

Daß nunmehr offen steht, waß sonst war fest verschlossen,
und Sie auf freyem Fuß, auch im Gefängnuß sein.
So führt ein Engel dort auch Petrum auß dem Kercker,
Noch muß es offt so gehn, Gott steht der Unschuld bey,
Er und sein Engel Hauff, bleibt dannoch allweg stärcker,
alß aller Menschen Macht, Grimm, Wuth und Tyranney.

22.

## Englische Pfleg den Krancken gethan.

Den Teich Bethesda muß ein Engel nur bewegen,
Der erste der hierauff hinein zu kommen eylt,
Wird durch deß Wassers Krafft vollkommlich geheilt.
Der Engel bringt mir dar von Gott solch grossen Segen.

Wie Raphael den Rath, daß von deß Fisches Gallen
Der güte alte Mann Tobias sehend wird
Den Krancken, die Gott liebt zu dienen, der Begird
Die in den Engeln brennt, thuts Gott so zu gefallen.

## Frommer Sterbenden Englische Dienst Leistung.

Läßt Gott schon Lazarum am Leib ganz elend werden,
Tragt doch die liebe Seel der theuren Engel-Hand,
mit allen Freuden heim ins Himels-Engel-Land;
und kriegt der Leib sein Bett im kühlen Schos der Erden.

Was will der Satan doch an Mosis Leichnamb haben?
Er wolle was Er woll; der Engel gibt nicht zu,
daß Er ein haarlein nur verstör in seiner Ruh.
Auß schuld der Engel wacht auch wan wir sind begrabt.

24

### Der H. Engel Trew an den Leibern der Seligen im Grab.

Zween Engel an dem Grab Christi trösten die H. Weiber    Engel die am Jungsten Tag der Frommen Gräber öffnen

Es laßt der Engel Schaar die Liebe nicht veralten.  
Die gegen Gottes Volck der Engel Schaar gehegt.  
Ob sie dem Leibe nach im Sterben gleich erkalten  
und Ihre Leiber sind ins finster Grab gelegt.  
Sie halten auch das Grab bedeckt von Satans Schrötter.

Wie dort bey Christi Grab zwen Engel schon gethan.  
Wird Gott am jüngsten Tag die Todten auferwecken  
So hebt der Engel Hand und führet Himmel an  
Auß Ihrem Grab hervor die Leiber deren Frommen  
Da Ihre Seelen schon von Gott sind aufgenommen.

Dienst und Freude der Engel bey der Himmelfahrt der Kinder Gottes.
Act. 1. v. 10. 11. Zwey H. Engel predigen den Aposteln auf dem Oelberg nach Christi Himmelfahrt.
4. Reg. 2. v. 11. Die H. Engel führen Eliam den Propheten in Gestalt Feuriger Roß und Wagen gen Himmel.

Weil Gott die Menschen liebt, und wohl nichts mag ersparr
Waß seine Weise Gnad befindet auß zu sein,
daß sie bei Ihm dereinst auch in den Himmel fahren.
und in diß Engel-Land mit Freuden kommen ein:
So ists der Engel Freud am Oelberg dort zustehen

und der Apostel-Schaar bey Christi Himmelfahrt
zu sagen daß der Herr, nur Ihnen vor woll gehen
und mit der Engel-Heer im Himmel auf sie wart.
Eliam hohlen sie auff Feuer-Roß und Wagen
Wie sie die Seelen sonst auf Ihren Handen tragen.

26.

### Der H. Martyrer Englischer Glantz u Krone

Daß man als Engel soll die Kirchen-Lehrer ehren
bedeutet an Stephano Gott selbst der da stund
Vor denen welche nicht von Jesu wolten hören
Er aber doch Ihn rühmt mit frohem Sinn u Mund
Sich daß des Engels Glantz an Ihme müste sehen
Auch hielt der Kron Sturm an Ihm mit nichts auf

Daß Er nicht sehen solt zu Gottes Rechten stehen
Den der Ihn reiden heist in solche Stürm den Lauff
Und nach der Marter Cron die Himels Cron anweiset
Wohl dem der also fort zur Himels Freud eingehn
Mit Petrus unseren Gott mit Paulo gleich so preiset
und Kan im Himels Glantz auch bey Johanne stehn

## Die Gottes Rache außübende H. Engel.

So offtmals der grosse Gott noch manchem feind zu machen,  
Der gegen Ihm so frech und trotzig sich entzeigt:  
Er sicht Ihm lang zwar zu und kan der Erdwürme lachen,  
Doch sein gerechter Zorn auß seiner Langmueth steigt  
Und weißt, wie aber michte sein wrath Ihm sich wider sehe  
Wie leicht und überleicht die Engel es kein an

Wo Er in seinem Zorn Sie auf die Feinde hetzt,  
Da weisen wol Er selbst unwiderbar noch kan.  
Diß mus hier Heliodor auch seinen Schlägen fassen  
Da Er in Gottes Hauß so grossen frevel treibt  
Und in das Paradeiß ward niemand eingelassen  
Wo nicht die Demuth Ihm das Flammwert und schreckt.

28.

### Eyffer der H. Engel die Hochmuthige zu straffen.

Ein Engel Gottes schlägt den Hochmuthigen  Ein Engel tödet alle Erste Gebuhrt in  Ein Engel schlagt mit der Pestilenz 70000 in
Herodem. Act. 12. v. 23.  Egypten Land Exod. 12. v. 29.  Israel. 2. Reg. 24. v. 15. 1. Par. 21. v. 1.

So gern der Engelschaar gantz liebreich hat zuschaffen   Muß wissen, ich, Er es meint, Er sey nur Menschen koth,
mit Menschen, die auf Gott demuthig allweg sehn;   zu nicht nach dem Er sich veracht meist vermessen,
So eyffrig sind sie doch, mit allem Ernst zustraffen   Als ob Er bey dem Volck zu achten sey wie Gott.
Die, so dem grossen Gott mit Hochmut widerstehn.   So lässt Gott Pharao an seinen Leuten schlagen,
Herodes, der im Stolz sein selber gantz vergessen.   Und das gedehlte Volck muß Davids Hoffart tragen.

29.

Die auß dem Himmel in der Höllen Abgrund verstossene Engel Gottes, seiner Engel u. aller frommen Freude

Entsetz dich zwar, O Mensch, daß so vil tausend Teuffel
Auß Engeln worden sind, die Gott und dir sind Feind.
Jedoch erschrick nicht, und hab nur keinen Zweiffel
Gott und der Engel Schaar bleibt gleichwohl nach dem Freund
dann wo die Teuffel dich vor deinem Gott verklagen,
So demüht doch Michael gotterlich an dem Sünd.

Den Gott armacht und weiß der Klager ab züschlagen,
Wie Anfangs nach dem Fall, so noch im Höllen schlund
Auch auf dem Demüths Psalm stets Himmel anbsteiget.
Bleib aller Hoffart Feind, und deinem Jesu treu
Gewiß, die wird kein Gott mit seinen Engeln zeigen
Im Leben und im Todt, kein Teuffel sey dir bey.

33.

# Biblisches Engel-Register,
## Oder
## Summarischer EXTRACT,

Anzeigend alle und jede Ort und Stellen Heil. Göttlicher Schrifft/ in welchen von den Heiligen Engeln nach Ihren unterschiedlichen Nahmen/ Aemptern und Verrichtungen/ oder auch wohl von bösen Engeln Meldung geschicht;

Zu dienlamer Nachricht und Anleitung dem Christlichen Liebhaber verfasset/
von
**J. U. K.**

### Engel.

Genes. c. 16, v. 7. Sarai wolte die Magd Hagar demütigen/ da flohe sie von ihr. Aber der Engel des HErrn fand sie bey einem Wasserbrunnen in der Wüsten/ nemlich bey dem Brunn am Wege zu Sur.

v. 9. Und der Engel des HErrn sprach zu ihr: Kehre dich umb wieder zu deiner Frauen/ und demütige dich unter ihre Hand.

v. 10. Und der Engel des HErrn sprach zu ihr: Ich will deinen Samen also mehren/ daß er vor grosser Menge nicht soll gezehlet werden.

c. 19. v. 1. Die zween Engel kamen gen Sodom des Abends/ Loth aber saß zu Sodom unter dem Thor.

v. 15. Da nun die Morgenröthe auffgieng/ hiessen die Engel den Loth eilen.

c. 21. v. 17. Da erhöret GOtt die Stimme des Knabens/ und der Engel GOttes rieff vom Himmel der Hagar.

c. 22. v. 11. Da rieff ihm der Engel des HErrn vom Himmel/ und sprach: Abraham/ Abraham.

v. 15. Und der Engel des HErrn rieff Abraham abermahl vom Himmel/ und sprach.

c. 24. v. 7. Diß Land will ich deinem Saamen geben/ der wird seinen Engel für dir her senden/ daß du meinem Sohn daselbst ein Weib nehmest.

v. 40. Der HErr für dem ich wandle/ wird seinen Engel mit dir senden/ und Gnade zu deiner Reise geben.

c. 28. v. 12. Eine Leiter die stund auf Erden/ die rühret mit der Spitzen an den Himmel/ und sihe/ die Engel GOttes stiegen auf und nieder.

c. 31. v. 11. Und der Engel GOttes sprach zu mir im Traum: Jacob. Und ich antwortete hie bin ich.

c. 32. v. 1. Jacob aber zog seinen Weg/ und es begegneten ihm die Engel Gottes.

c. 48. v. 16. Der Engel/ der mich erlöset hat von allem Uebel/ der segne die Knaben.

Exod. c. 3. v. 2. Und der Engel des HErrn erschein ihm in einer feurigen Flammen aus dem Busch.

c. 14. v. 19. Da erhub sich der Engel GOttes/ der für dem Heer Israel her zog.

c. 23. v. 20. Sihe ich sende einen Engel für dir her/ der dich behüte auf dem Wege.

v. 23. Wenn nun mein Engel für dir hergehet/ und dich bringet an die Amoriter/ Hethiter.

c. 32. v. 34. So gehe nun hin/ und führe das Volck/ dahin ich dir gesagt habe/ sihe mein Engel soll für dir hin gehen.

c. 33. v. 2. Und will für dir her senden einen Engel/ und außstossen die Cananiter.

Num. c. 20. v. 16. Und wir schreyen zu dem HErrn/ der hat unsere Stimm erhöret/ und einen Engel gesandt.

c. 22. v. 22. Aber der Zorn Gottes ergrimmet/ daß er hinzog. Und der Engel des HErrn trat in den Weg.

v. 23. Und die Eselin sahe den Engel des HErrn im Wege stehen/ und ein bloß Schwerdt in seiner Hand.

v. 24. Da trat der Engel des HErrn in den Pfad/ bey den Weinbergen/

v. 25. Und da die Eselin den Engel des HErrn sahe/ bedrängte sie sich an die Wand/ und klemmet Bileam.

v. 26. Da gieng der Engel des HErrn weiter/ und trat an einen engen Ort/ da kein Weg war.

v. 27. Und da die Eselin den Engel des HErrn sahe/ fiel sie auf ihre Knie unter dem Bileam.

v. 31. Da eröffnet der HErr Bileam die Augen/ daß er den Engel des HErrn sahe im Wege stehen.

v. 32. Und der Engel des HErrn sprach zu ihm: Warum hast du deine Eselin geschlagen.

v. 34. Da sprach Bileam zu dem Engel des HErrn/ ich habe gesündiget/ denn ich habs nicht gewust.

v. 35. Der Engel des HErrn sprach zu ihm: Zeuch hin mit den Männern/ aber nichts anders/ denn was ich sage/ solt du reden.

Judic. c. 2. v. 1. Es kam aber der Engel des HErrn hinauf von Gilgal gen Bochim/ und sprach: Ich hab euch aus Egypten hinauf geführet.

v. 4. Und da der Engel des HErrn solche Wort geredet hatte zu allen Kindern Israel/ hub das Volck seine Stimme auf/ und weinten.

c. 5. v. 23. Fluchet der Stadt Meros/ sprach der Engel des Herrn/ fluchet ihren Bürgern/ daß sie nicht kommen dem Herren zu Hülff.

c. 6. v. 11. Und ein Engel des HErrn kam/ und setzet sich unter einer Eichen zu opffern/ die war Joas/ des Vatters der Esriter/ und sein Sohn Gideon drasch Weitzen an der Kelter.

v. 12. Da erschein ihm der Engel des HErrn/ und sprach zu ihm: Der Herr mit dir/ du streitbarer Held.

v. 20. Aber der Engel GOttes sprach zu ihm: Nimm das Fleisch und das Ungesäuert und lasse auf dem Felß/ der hie ist/ und geuß die Brüh aus.

v. 21. Da recket der Engel des HErrn den Stecken auf/ den er in der Hand hatte/ und rühret mit der Spitzen des Fleisch und das ungesäuert Mehl an/ und das Feuer fuhr aus dem Felß/ und verzehret das Fleisch und das ungesäuert Mehl/ und der Engel des

des HERRN verschwandt aus seinen Augen.

Judic.c.6,v.22. Da nun Gideon sahe daß es ein Engel des Herrn war/ sprach er: O Herr/ O Herr/ hab ich also einen Engel des Herrn von Angesicht gesehen?

c.13.v.3. Manoah und sein Weib/ und der Engel des Herrn erschein dem Weibe/und sprach zu ihr:

v.6. Es kam ein Mann Gottes zu mir/ und seine Gestalt war anzuschauen wie ein Engel Gottes.

v.9. Und GOtt erhöret die Stimme Manoah/ und der Engel GOttes kam wieder zum Weib.

v.13. Der Engel des Herrn sprach zu Manoah: Er soll sich hüten für allem/ das ich dem Weib gesagt:

v.15. Manoah sprach zu dem Engel des Herrn: Lieber/ laß dich halten.

v.16. Aber der Engel des Herrn antwortete Manoah: Wenn du gleich mich hie hältest.

v.17. Und Manoah sprach zu dem Engel des Herrn: Wie heiss stu/ daß wir dich preisen?

v.18. Aber der Engel des Herrn sprach zu ihm: Warum fragst du nach meinem Namen?

v.20. Fuhr der Engel des HErrn in der Lohe des Altars hinauff.

v.21. Und der Engel des Herrn erschien nicht mehr Manoah und seinem Weibe/ da erkannte Manoah/ daß es ein Engel des Herrn war.

1.Sam.c.29.v.9. Achis antwortet/ und sprach zu David: Ich weiß wohl/ denn du gefällest meinen Augen/ als ein Engel Gottes.

2.Sam.c.14.v.17. Meiner Magd gedachte: Meines Herrn des Königs Wort soll mir ein Trost seyn/ denn mein Herr der König ist wie ein Engel Gottes.

v.20. Daß ich diese Sache also wenden solte/ das hat dein Knecht Joab gemacht/ aber mein Herr ist weise wie die Weißheit eines Engels Gottes.

c.19.v.27. Aber mein Herr König ist wie ein Engel Gottes: Thue was dir wohl gefället.

c.24.v.16. Und da der Engel seine Hand ausstreckt über Jerusalem/ daß er verderbet/ reuet es den HErrn über dem Ubel/ und sprach zum Engel zu dem Verderber im Volck: Es ist genug/ laß nun deine Hand ab/ der Engel aber des Herrn war bey der Tennen Arafna/ des Jebusiters.

v.17. David aber/ da er den Engel sahe/ der das Volck schlug/ sprach er zum Herrn.

1.Reg.c.13.v.18. Ich bin auch ein Prophet wie du/ und ein Engel hat mit mir geredt durch des Herrn Wort.

c.19.v.5. Und sihe der Engel rühret ihn an/ und sprach zu ihm: Stehe auf und iß.

v.7. Und der Engel des Herrn kam zum andern mal wieder/ und rühret ihn/ und sprach:

2.Reg.c.1.v.3. Aber der Engel des Herrn redet mit Elia dem Thesbiten: Auf und begegne den Boten

v.15. Da sprach der Engel des Herrn zu Elia: Gehe mit ihm hinab/ und fürchte dich nicht für ihm.

c.19.v.35. Und in derselben Nacht fuhr aus der Engel des Herrn/ und schlug im Lager von Assyrien 185000.

1.Cron.c.22.v.12. Daß dir der Engel des Herrn verderbe in allen Gräntzen Jsrael/ so sihe nun zu was ich antworten soll.

v.15. Und GOtt sandte den Engel gen Jerusalem sie zu verderben. Und im verderben sahe der Herr drein/ und reuet ihn das Ubel/ und sprach zum Engel/ dem Verderber: Es ist genug/ laß deine Hand ab: Der Engel aber des Herrn stund bey der Tennen Arnan des Jebusiters.

1.Cron.c.22.v.16. Und David hub seine Augen auf/ und sahe den Engel des Herrn stehen zwischen Himmel und Erden.

v.18. Und der Engel sprach zu Gad/ daß er David solt sagen/ daß David hinauf gehen.

v.20. Arnan aber/ da er sich wandte und sahe den Engel/ und seine 4. Söhne mit ihm.

v.27. Und der Herr sprach zum Engel/ daß er sein Schwerdt in seine Scheide stecke.

v.30. David aber kunte nicht hingehen für demselben/ GOtt zu suchen/ so war er erschrocken für dem Schwerdt des Engels des Herrn.

2.Cron.c.32.v.21. Und der Herr sandte einen Engel/ der vertilget alle Gewaltigen des Heers und Fürsten/ und Obersten im Lager des Königs zu Assur.

Hiob c.33.v.23. So denn ein Engel/ einer auß Tausend / mit ihm redet/ zu verkündigen dem Menschen/ wie er soll recht thun.

Psal.c.34.v.8. Der Herrn lagert sich umb die Herr/ so ihn fürchten/ und hilfft ihnen aus.

c.35.v.5. Sie müssen werden wie Spreu für dem Winde/ und der Engel des HErrn stosse sie weg.

v.6. Ihr Weg müsse finster und schlüpffrig werden/ und der Engel des Herrn verfolge sie.

c.78.v.50. Da er böse Engel unter sie sandte in seinem grimmigen Zorn/ und ließ sie toben und wüten/ und Leide thun.

c.91.v.11. Denn er hat seinen Engeln befohlen über dir/ daß sie dich behüten auf allen deinen Wegen.

c.103.v.20. Lobet den Herrn ihr seine Engel/ ihr starcken Helden/ die ihr seinen Befehl ausrichtet.

c.104.v.4. Der du machest deine Engel zu Winden/ und deine Diener zu Feuerflammen.

c.148.v.2. Lobet ihn alle seine Engel/ lobet ihn alle sein Heer.

Prov.c.17.v.11. Ein bitterer Mensch trachtet Schaden zu thun/ aber es wird ein grausamer Engel über ihn kommen.

Eccl.5.v.5. Verhenge deinem Munde nicht/ daß er dein Fleisch verführe/ und sprich für dem Engel nicht: Ich bin unschuldig.

Esai c.33.v.7. Sihe ihre Boten schreyen draussen/ die Engel des Friedens weinen bitterlich (und sprechen.)

c.37.v.36. Da fuhr aus der Engel des Herrn/ und schlug im Assyrischen Lager 185000.

c.63.v.9. Wer sie ängstete/ der ängstete ihn auch/ und der Engel/ so für ihnen ist/ halff ihnen. Er erlösete sie/ darum/ daß er sie liebete und ihr schonete. Er nahm sie auf/ und trug sie allzeit von Alters her.

Dan.c.3.v.28. Da fieng an Nebucad Nezar/ und sprach: Gelobet sey der GOtt Sadrach/ Mesech/ und Abednego/ der seinen Engel gesandt und seine Knechte errettet hat/ die ihm vertrauet/ und des Königs Gebot nicht gehalten/ sondern ihren Leib dargegeben haben/ daß sie keinen GOtt ehren/ noch anbeten wollen/ ohn allein ihren GOtt.

c.6.v.22. Mein GOtt hat seinen Engel gesandt/ der den Löwen den Rachen zugehalten hat.

Hos.c.12.v.4. Er kämpffet mit dem Engel/ und sieget.

Hag.c.1.v.13. Da sprach Haggai der Engel des Herrn/ der die Botschafft des Herrn hatte an das Volck/ Ich bin mit euch/ spricht der Herr.

Zach.c.1.v.9. Und ich sprach: Mein Herr/ wer sind diese? Und der Engel/ der mit mir redet/ sprach zu mir: Ich will dir zeigen wer diese sind.

v.11. Sie aber antworten dem Engel des Herrn/ der unter den Myrten hielt

v.12. Da antwortet der Engel des Herrn/ und sprach: Herr Zebaoth! Wie lange wiltu denn

denn dich nicht erbarmen über Jerusalem/ und über die Städte Juda.

Sach. c. 1. v. 13. Und der Herr antwortete dem Engel/ der mit mir redete/ freundliche Wort/ und tröstliche Wort.

v. 14. Und der Engel/ der mit mir redete/ sprach zu mir: Predige/ und sprich: So spricht der Herr Zebaoth: Ich habe sehr geeyfert über Jerusalem und Zion.

v. 19. Und ich sprach zum Engel/ der mit mir redet: Wer sind diese? Er sprach zu mir/ Es sind die Hörner/ die Juda/ samt dem Israel und Jerusalem zerstreuet haben.

c. 2. v. 3. Und sihe/ ein Engel/ der mit mir redet/ gieng heraus/ und ein anderer Engel gieng heraus ihm entgegen.

c. 3. v. 1. Und mir ward gezeiget der Hohepriester Josua/ stehend für dem Engel des Herrn/ und der Satan stund zu seiner Rechten/ daß er ihm widerstünde.

v. 3. Und Josua hatte unreine Kleider an/ und stund für dem Engel

v. 5. Und sie satzten einen reinen Hut auf sein Haupt/ und zogen ihm Kleider an/ und der Engel des Herrn stund da.

v. 6. Und der Engel des Herrn bezeuget Josua/ und sprach

c. 4. v. 1. Und der Engel/ der mit mir redet/ kam wieder/ und wecket mich auf/

v. 4. Und ich antwortet/ und sprach zu dem Engel/ der mit mir redet/ mein Herr was ist das?

v. 5. Und der Engel/ der mit mir redet antwortet und sprach zu mir/ weistu nicht was das ist? Ich aber sprach/ Nein mein Herr.

c. 5. v. 5. Und der Engel der mit mir redet/ gieng heraus/ und sprach zu mir/ hebe deine Augen auf/ und sihe/ was gehet da heraus.

v. 10. Und ich sprach zum Engel/ der mit mir redet/ wo führen die den Epha hin.

c. 6. v. 4. Und ich antwortet/ und sprach zum Engel/ der mit mir redet: Mein Herr/ wer sind diese.

v. 5. Der Engel antwortet/ und sprach zu mir: Es sind die 4. Winde unter dem Himmel

c. 12. v. 8. Und das Hauß David wird seyn wie Gottes Hauß/ wie des Herrn Engel für ihm.

Mal. c. 2. v. 7. Denn des Priesters Lippen sollen die Lehre bewahren/ daß man auß seinem Munde das Gesetz suche/ denn er ist ein Engel des Herrn.

c. 3. v. 1. Sihe ich will meinen Engel senden/ der für mir her den Weg bereiten soll/ und bald wird kommen zu seinem Tempel der Herr/ den ihr suchet/ und der Engel des Bundes/ des ihr begehrt. Sihe er kommt/ spricht der Herr Zebaoth.

Judit. c. 13. v. 20. So wahr der Herr lebt/ hat er mich durch seinen Engel behütet/ daß ich nicht bin verunreiniget worden/

Tob. c. 3. v. 25. Und der heilige Raphael/ der Engel des Herrn ward gesandt/ daß er ihnen beyden Hülffe/ weil ihr Gebet gleich auf eine Zeit für dem Herrn fürgebracht ward.

c. 5. v. 6. Und wuste nicht/ daß der Engel Gottes war/ grüsset ihn/ und sprach: Von wannen bistu/ guter Gesell?

v. 16. Und der Engel sprach zu ihm/ Ich will ihn hinführen/ und wieder zu dir her bringen.

v. 18. Und der Engel Raphael sprach/ sey zu frieden/ ihm wird nicht gang/ und du hast Beten hast.

v. 22. Und der Engel sprach: Ich will deinen Sohn gesund hin und her wieder führen.

v. 23. Tobias antwortet: So ziehet hin/ GOtt sey mit euch auf dem Wege/ und sein Engel geleite euch.

c. 29. Denn ich glaube/ daß der gute Engel GOttes ihn geleite/ und alles wohl schicken wirdt.

c. 6. v. 4. Und der Engel sprach zu ihm: Ergreiff ihn bey den Floßfedern/ und zeuch ihn heraus.

v. 6. Da sprach der Engel/ haue den Fisch von einander/ das Hertz/ die Gallen/ und die Leber behalt dir/ denn sie sind sehr gut zur Artzney.

v. 8. Da fraget Tobias den Engel/ und sprach zu ihm: Ich bitte dich Azaria mein Bruder/ du wollst mir sagen/ was man für Artzney machen kan.

v. 9. Da sprach der Engel/ wenn du ein Stücklein vom Hertzen legest auf glüende Kohlen.

v. 11. Und Tobias sprach: Wo wollen wir denn einkehren? Und der Engel antwortet.

v. 17. Da sprach der Engel Raphael/ höre zu/ ich will dir sagen/ über welche der Teuffel Gewalt hat/

c. 7. v. 5. Und als er nun viel Guts von Tobia redet/ sprach der Engel zu Raguel/ der Tobias/ nach dem du fragest/ ist dieses Jünglings Vatter.

v. 12. Und da er nicht antworten wollte/ sprach der Engel zu ihm: Schäme dich nicht ihm die Magd zu geben.

c. 8. v. 2. Und Tobias dachte an die Rede des Engels.

v. 3. Und der Engel Raphael nahm den Geist gefangen/

c. 9. v. 1. Da rieff Tobias den Engel zu sich/ denn er meinte/ es wäre ein Mensch/ und sprach.

v. 6. Da nahm der Engel Raphael vier der Knechte Raguelis/ und zwey Comel.

c. 10. v. 12. Der Heilige Engel des Herrn sey bey die auf dem Wege/ und bringe dich gesund wieder heim.

c. 11. v. 2. Am eilfften Tag sprach der Engel: Tobia mein Bruder/ du weist/ wie wirs mit deinem Vatter verlassen haben.

c. 12. v. 15. Und ich bin Raphael/ einer von den 7. Engeln/ die für dem Herrn stehen.

v. 17. Und der Engel sprach zu ihnen: Seyd getrost/ und fürchtet euch nicht.

Syr. c. 48. v. 24. Er schlug das Heer der Assyrer/ und sein Engel vertilget sie.

Bar. c. 6. v. 6. Denn mein Engel soll bey euch seyn/ und ich will eure Seelen rächen.

4. Esr. c. 1. v. 40. Nahum/ Habacuc/ Zephania/ Haggai/ Zacharia und Malachia/ der euch des Herrn Engel genennet wird.

c. 2. v. 44. Da fragte ich den Engel/ und sprach: Lieber Herr/ wer sind diese?

v. 46. Weiter fragte ich den Engel: Wer ist aber der Jüngling/ der ihnen die Kronen auffsetzt/ und gibt ihnen Palmzweige in die Hände?

v. 48. Da sprach der Engel zu mir: Sihe hin/ und verkündige meinem Volck/ was und wie grosse Wunder des Herrn deines GOttes du gesehen hast.

c. 4. v. 1. Da antwortete mir ein Engel/ mit Namen Uriel/ der zu mir gesandt war.

v. 36. Jeremiel/ der Ertz-Engel sprach: Wenn unter euch wird die Zahl des Saamens erfüllet seyn.

c. 5. v. 15. Und der Engel der kommen war/ und mit mir redete/ hielt mich wiederstärcket mich/ und stellete mich auf die Füsse.

v. 20. Und ich fastete sieben Tag/ weinete und hatte/ wie mir der Engel Uriel befohlen hatte.

v. 31. Da ich diese Wort geredt hatte/ ward zu mir der Engel/ der zuvor die vorige Nacht zu mir gesandt war/ gesandt.

c. 6. v. 3. Ehe dann die schöne Blumen gesehen wurden/ und ehe dann versamlet wurden die unzehlichen Heerschaaren der Engel.

c. 7. v. 1. Und es geschach/ als ich diese Rede vollendet hatte/ ward zu mir gesandt der Engel.

c. 8. v. 21. Bey welchem mit Zittern sehen die Heerschaaren der Engel/ deren Wesen gleich ist dem Winde und Feuer.

c. 10. v. 28. Und ich fürchtete mich/ und rieff mit lauter Stimm/ und sprach: Wo ist der Engel Uriel?

4. Esr.

4.Eſt.c.12.v.51.Ich aber blieb im Felde ſieben Tage/ wie mir der Engel befohlen hatte.
c.16.v.66.Was wolt ihr machen/ oder wie wolt ihr eure Sünden verbergen für GOtt und ſeinen Engeln.
1.Macc.c.7.v.4.Herr GOtt/ da dich die Boten des Königs Sennacherib läſterten/ ſchickeſt du einen Engel.
2.Macc.c.11.v.6. Baten ſie und der gantze Hauff mit Seuffzen und Thränen den Herrn/ daß er einen guten Engel ſenden wolte/ der Iſrael hülffe.
c.15.v.22.Und betet alſo HErr/ du haſt deinen Engel zur Zeit Ezechiæ/ der Juden König/ geſandt.
v.23.So ſchicke nun auch (du Herr im Himmel) einen guten Engel für uns her/ die Feinde zu erſchröcken.
3.Macc.c.6. v.16.Da ließ der Hochgelobte/ Allmächtige und wahre GOtt ſein heiliges Angeſicht leuchten/ und ſchloß die Himmelspforten auf/ von dannen ſtiegen herab zween hellglänzende erſchreckliche Engel/ die von niemand/ ohne allein von den Juden/ geſehen wurden.
v.19.Und die Engel wandten die Thiere wider die gerüſte Heerſcharen/ ſo folgeten/ die zertraten und erwürgten ſie.
St.in Eſter.c.4.v.16.Und ſie antwortet: Da ich dich anſahe/ deuchte mich/ ich ſehe einen Engel Gottes/ darum erſchrack ich für deiner groſſen Majeſtat/
Suſan. v.55. Da ſprach Daniel: O recht/ der Engel des Herrn wird dich finden/ und zerſchmettern/ dann mit deinen Lügen/ꝛc.
v.59. Da ſprach Daniel: O recht/ der Engel des Herrn wird dich zeichnen/ und wir dich zerhauen.
Bel. v.33. Und der Engel des HErrn ſprach zu Habacuc: Du muſt das Eſſen das du trägeſt/ dem Daniel bringen gen Babel/ in die Löwen Graben.
v.35.Da faſſet ihn der Engel oben bey dem Schopff/und führet ihn wie ein ſtarcker Wind gen Babel an den Graben.
v.38.Und er ſtund auf und aß. Aber der Engel GOttes bracht Habacuc von Stund an wieder an ſeinen Ort.
Geb. Aſariä.v. 26. Aber der Engel des Herrn trat mit denen/ die bey Aſaria waren/ in den Ofen.
Geſang der 3.Männer. v.10.Lobet den HErrn/ ihr Engel des Herrn/ preiſet und rühmet ihn ewiglich.

## Im Neuen Teſtament.

Matt.c.1. v.20.Indem er aber alſo gedachte/ ſihe da erſchien ihm ein Engel des Herrn im Traum.
v.24.Da nun Joſeph vom Schlaff erwachte/ thät er/ wie ihm des Herrn Engel befohlen hatte/ und nahm ſein Gemahl zu ſich.
c.2. v.13.Da ſie nun hinweg gezogen waren/ ſihe da erſchien der Engel des Herrn dem Joſeph im Traum/ und ſprach: Stehe auf/ und nimm das Kindlein und ſeine Mutter zu dir/ und fleuch in Egyptenland.
v.19.Da aber Herodes geſtorben war/ ſihe da erſchien der Engel des HErrn Joſeph im Traum/ in Egyptenland/ und ſprach: Stehe auf/ und nim das Kindlein und ſeine Mutter zu dir/ und zeuch hin in das Land Iſrael.
c.4. v.6. Biſt du Gottes Sohn/ſo laß dich hinab/denn es ſtehet geſchrieben/ er wird ſeinen Engeln über dir Befehl thun/ und ſie werden dich auf den Händen tragen.
v.11.Da verließ ihn der Teuffel/ und ſihe/ da traten die Engel zu ihm/ und dieneten ihm.
c.11.v.10.Denn dieſer iſt/ von dem geſchrieben ſtehet: Sihe/ ich ſende meinen Engel für dir her.
c.13.v.39.Die Erndte iſt das End der Welt: Die Schnitter ſind die Engel.

Matt.c.13.v.41.Deß Menſchen Sohn wird ſeine Engel ſenden/ und ſie werden ſammlen aus ſeinem Reich alle Aergernüß.
v.49.Die Engel werden ausgehen/ und die Böſen von den Gerechten ſcheiden.
c.16.v.27.Denn es wird je geſchehen/ daß des Menſchen Sohn komme in die Herrlichkeit ſeines Vatters/ mit ſeinen Engeln.
c.18.v.10.Sehet zu/ daß ihr nicht jemand von dieſen Kleinen verachtet/ denn ich ſage euch/ ihre Engel im Himmel ſehen allezeit das Angeſicht meines Vatters im Himmel.
c.22.v.30.In der Auferſtehung werden ſie weder freyen noch ſich freyen laſſen/ ſondern ſie ſind gleich wie die Engel Gottes im Himmel.
c.24.v.31.Und er wird ſenden ſeine Engel mit hellen Poſaunen.
v.36.Von dem Tage aber/ und von der Stunde weiß niemand/ auch die Engel nicht im Himmel/ ſondern allein mein Vatter.
c.25.v.31.Wenn aber des Menſchen Sohn kommen wird in ſeiner Herrlichkeit/und alle heilige Engel mit ihm.
v.41.Denn wird er auch ſagen zu denen zur Lincken. Gehet hin von mir/ ihr Verfluchten/ in das ewige Feuer/ das bereitet iſt dem Teuffel und ſeinen Engeln.
c.26.v.53.Oder meineſt du/ daß ich nicht könte meinen Vatter bitten/ daß er mir zuſchickte/ mehr denn zwölff Legion Engel.
c.28.v.2. Und ſihe/ es geſchach ein groß Erdbeben. Denn der Engel des Herrn kam vom Himmel herab.
v.5. Aber der Engel antwortete/und ſprach zu den Weibern: Fürchtet euch nicht.
Marci c.1. v.2. Sihe ich ſende meinen Engel für dir her/ der da bereitete deinen Weg für dir.
v.13.Und ward allda in der Wüſten viertzig Tage/ und ward verſuchet von dem Satan/ und war bey den Thieren/ und die Engel dieneten ihm.
c.8. v.38.Wer ſich aber mein und meiner Wort ſchämet/ ꝛc. des wird ſich auch des Menſchen Sohn ſchämen/ wenn er kommen wird in der Herrlichkeit ſeines Vatters/ mit den Heiligen Engeln.
c.12.v.25.Wann ſie von den Todten auferſtehen werden/ ſo werden ſie weder freyen noch ſich freyen laſſen/ ſondern ſie ſind wie die Engel im Himmel.
c.13.v.32.Von dem Tag und von der Stunde weiß niemand/ auch die Engel nicht im Himmel/ ſondern allein mein Vatter.
Luc. c.1. v.11.Es erſchien ihm aber der Engel des Herrn/ und ſtund zur rechten Hand am Rauchaltar.
v.13.Aber der Engel ſprach zu ihm: Fürchte dich nicht Zacharia/ denn dein Gebet iſt erhöret.
v.18.Und Zacharias ſprach zu dem Engel: Wobey ſoll ich das erkennen? denn ich bin alt.
v.19.Und der Engel antwortet/ und ſprach zu ihm: Ich bin Gabriel/ der für GOtt ſtehet.
v.26.Und im ſechſten Mond ward der Engel Gabriel geſandt von GOtt/in eine Stadt in Galiläa/ die heiſſet Nazareth.
v.28.Und der Engel kam zu ihr hinein/ und ſprach: Gegrüſſet ſeyſt du Holdſelige/ der Herr iſt mit dir/du Gebenedeyte unter den Weibern.
v.30.Und der Engel ſprach zu ihr: Fürchte dich nicht Maria/ du haſt Gnade bey GOtt funden.
v.34.Da ſprach Maria zu dem Engel: Wie ſoll das zugehen? Sintemal ich von keinem Manne weiß.
v.35.Der Engel antwortet/ und ſprach zu ihr: Der H. Geiſt wird über dich kommen/ und die Krafft des Höchſten wird dich überſchatten.
v.38.Maria aber ſprach: Sihe/ ich bin des Herrn Magd/ mir geſchehe wie du geſagt haſt/ und der Engel ſchied von ihr.

Luc.

Luc. c. 2. v. 9. Und siehe des HErrn Engel trat zu ihnen / und die Klarheit des HErrn leuchtet um sie / und sie furchten sich sehr.

v. 10. Und der Engel sprach zu ihnen: Fürchtet euch nicht / ich verkündige euch grosse Freude / die allem Volck wiederfahren wird.

v. 13. Und alsbald war da bey dem Engel die Menge der himlischen Heerscharen die lobten GOtt.

v. 15. Und da die Engel von ihnen gen Himmel fuhren / sprachen die Hirten unter einander: Lasset uns nun gehen gen Bethlehem.

v. 21. Und da 8. Tage umb waren / daß das Kind beschnitten wurde / da ward sein Nahme genennet JEsus / welcher genennet war von dem Engel / ehe denn er in Mutterleibe empfangen ward.

c. 4. v. 10. Denn es stehet geschrieben: Er wird befehlen seinen Engeln von dir / daß sie dich bewahren.

c. 7. v. 27. Er ists / von dem geschrieben stehet: Sihe / ich sende meinen Engel für deinem Angesicht her.

c. 9. v. 26. Wer sich aber mein und meiner Wort schämet / ꝛc. Wenn er kommen wird in seiner Herrlichkeit / und seines Vatters / und der H. Engel.

c. 12. v. 8. Ich sage euch aber / wer mich bekennet für den Menschen / den wird auch des Menschen Sohn bekennen für den Engeln Gottes.

v. 9. Wer mich aber verleugnet für den Menschen / der wird verleugnet werden für den Engeln GOttes.

c. 15. v. 10. Also auch / sage ich euch / wird Freude seyn für den Engeln GOttes über einen Sünder / der Busse thut.

c. 16. v. 22. Es begab sich aber / daß der Arme starb / und ward getragen von den Engeln in Abrahams Schoß.

c. 20. v. 36. Denn sie können hinfort nicht sterben / denn sie sind den Engeln gleich und Gottes Kinder.

c. 22. v. 43. Es erschien ihm aber ein Engel vom Himmel / und stärcket ihn.

c. 24. v. 23. Sie haben ein Gesicht der Engel gesehen / welche sagen / Er lebe.

Johan. c. 1. v. 51. Von nun an werdet ihr den Himmel offen sehen / und die Engel Gottes hinauf und herab fahren auf des Menschen Sohn.

c. 5. v. 4. Denn ein Engel fuhr herab zu seiner Zeit in den Teich / und bewegte das Wasser.

c. 12. v. 29. Da sprach das Volck / das dabey stund / und zuhöret: Es donnerte; die andern sprachen: Es redet ein Engel mit ihm.

c. 20. v. 12. Und sihet zween Engel in weissen Kleidern sitzen / einen zun Haupten / den andern zun Füssen.

Act. c. 5. v. 19. Aber der Engel des HErrn that in der Nacht die Thür des Gefängniß auf / und führet sie heraus.

c. 6. v. 15. Und sie sahen auf ihn alle / die im Rath sassen / und sahen sein Angesicht / wie eines Engels Angesicht.

c. 7. v. 30. Und über 40. Jahr erschein ihm in der Wüsten / auf dem Berge Sinai / der Engel des HErrn / in einer Feuerflammen im Busch.

v. 35. Den sandte GOtt zu einem Obersten und Erlöser durch die Hand des Engels / der ihm erschien im Busch.

v. 38. Dieser ists / der in der Gemeine / in der Wüsten / mit dem Engel war / der mit ihm redet / auf dem Berg Sina.

v. 53. Ihr habt das Gesetz empfangen durch der Engel Geschäffte / und habts nicht gehalten.

c. 8. v. 26. Aber der Engel des HErrn redet zu Philippo / und sprach: Stehe auf / u. gehe gegen Mittag.

c. 10. v. 3. Der sahe in einem Gesichte offenbahrlich / um die 9. Stunde am Tage einen Engel Gottes zu ihm eingehen / der sprach zu ihm: Corneli.

v. 7. Und da der Engel / der mit Cornelio redet / hinweg gegangen war / rieff er 2. seiner Hausknecht / und einen Gottesfürchtigen Kriegsknecht.

Act. c. 10. v. 22. Sie aber sprachen: Cornelius der Hauptmann / ein frommer und Gottsfürchtiger Mann / und gutes Gerüchts bey dem gantzen Volck der Juden / hat einen Befehl empfangen von dem H. Engel / daß er dich solt fordern lassen in sein Haus / und Wort von dir hören.

c. 11. v. 13. Und er verkündiget uns / wie er gesehen hätte einen Engel in seinem Hause stehen.

c. 12. v. 7. Und sihe / der Engel des Herrn kam daher / u. ein Licht schein in dem Gemach / u. schlug Petrum an die Seiten / und wecket ihn auf.

v. 8. Und der Engel sprach zu ihm: Gürte dich / und thue deine Schuh an / und er that also / und er sprach zu ihm: Wirff deinen Mantel umb dich / und ꝛc. folge mir nach.

v. 9. Und er gieng hinaus / und folgete ihm / und wuste nicht / daß ihm warhafftig solches geschehe durch den Engel / sondern es dauchte ihn / er sehe ein Gesichte.

v. 10. Und traten hinaus / u. giengen hin eine Gassen lang / und alsobald schied der Engel von ihm.

v. 11. Nun weiß ich warhafftig / daß der HErr seinen Engel gesandt hat / und mich errettet aus der Hand Herodis.

v. 15. Sie aber sprachen zu ihr: Du bist unsinnig. Sie aber bestund drauf / es wäre also / sie sprachen / es ist sein Engel.

v. 23. Alsbald schlug ihn der Engel des HErrn / darum / daß er die Ehre nicht GOtt gab / und ward gefressen von den Würmen / ꝛc.

c. 23. v. 8. Denn die Saduceer sagen / es sey keine Auferstehung / noch Engel / noch Geist.

v. 9. Wir finden nichts Arges an diesem Menschen / hat aber ein Geist oder ein Engel mit ihm geredet / so können wir mit GOtt nicht streiten.

c. 27. v. 23. Denn diese Nacht ist bey mir gestanden der Engel GOttes / deß ich bin / und dem ich diene.

Rom. 8. v. 38. Denn ich bin gewiß / daß weder Tod noch Leben / weder Engel noch Fürstenthum / ꝛc.

1. Cor. c. 4. v. 9. Denn wir sind ein Schauspiel worden der Welt / und den Engeln / und den Menschen.

c. 6. v. 3. Wisset ihr nicht / daß wir über die Engel richten werden / wie viel mehr über die zeitlichen Güter.

c. 11. v. 10. Darum soll das Weib eine Macht auf dem Haupt haben / um der Engel willen.

c. 13. v. 1. Wann ich mit Menschen- und mit Engels-Zungen redete / und hätte der Liebe nicht / so wäre ich ein dönend Ertz / oder eine klingende Schelle.

2. Cor. c. 11. v. 14. Und das ist auch kein Wunder / denn er selbst / der Satan / verstellet sich zum Engel des Liechts.

c. 12. v. 7. Und auf daß ich mich nicht der hohen Offenbahrung überhebe / ist mir gegeben ein Pfahl ins Fleisch / nemlich des Satans Engel / der mich mit Fäusten schlägt.

Gal. c. 1. v. 8. Aber so auch wir / oder ein Engel vom Himmel / euch würde Evangelium predigen anders / denn das wir euch geprediget haben / der sey verflucht.

c. 3. v. 19. Dem die Verheissung geschehen ist / und ist gestellet von den Engeln durch die Hand des Mittlers.

c. 4. v. 14. Sondern als einen Engel Gottes nahmet ihr mich auf / ja als Christum JEsum.

Col. c. 2. v. 18. Lasset euch niemand das Ziel verrücken / der nach eigener Wahl einher gehet in Demuth und Geistlichkeit der Engel.

2. Thess. 1. v. 7. Euch aber / die ihr Trübsal leidet / Ruhe mit uns / wenn nun der HErr JEsus wird offenbahret werden vom Himmel / samt den Engeln seiner Krafft.

1. Timot. c. 3. v. 16. GOtt ist offenbahret im Fleisch / gerechtfertiget im Geist / erschienen den Engeln.

c. 5. v. 21. Ich bezeuge für GOtt und dem HErrn JEsu Christo / und den auserwehlten Engeln / daß du solches haltest / ꝛc.

1.Petri c.1.v.12. Durch die / so euch das Evangelium verkündiget haben / durch den H. Geist vom Himmel gesandt / welches auch die Engel gelüstet zu schauen.

c.3.v.22. Welcher ist zur Rechten Gottes in den Himmel gefahren / und sind ihme unterthan die Engel / und die Gewaltigen / und die Kräffte.

2.Petri c.2.v.4. Denn so GOtt der Engel/die gesündiget haben/ nicht verschonet hat / sondern hat sie mit Ketten ꝛc.

v.11. So doch die Engel/die grössere Stärcke und Macht haben/nicht ertragen/das lästerliche Gericht wider sich vom HErrn.

Heb. c.1, v.4. So viel besser worden denn die Engel/ so gar viel einen höhern Namen er für ihnen ererbet hat.

v.5. Denn zu welchem Engel hat er jemals gesagt: Du bist mein Sohn, heute hab ich dich gezeugt?

v.6. Und es sollen ihn alle Gottes Engel anbeten.

v.7. Von den Engeln spricht er zwar: Er machet seine Engel Geister/und seine Diener Feuerflammen.

v.13. Zu welchem Engel aber hat er jemals gesagt: Setze dich zu meiner Rechten / biß ich lege deine Feinde.

c.2, v.2. Denn so das Wort fest worden ist/das durch die Engel geredt ist.

v.5. Denn er hat nicht den Engeln unterthan die zukünfftige Welt / davon wir reden.

v.7. Du hast ihn eine kleine Zeit der Engeln mangeln lassen.

v.9. Den aber / der eine kleine Zeit der Engeln gemangelt hat/ sehen wir/ daß es JEsus ist.

v.16. Denn er nimmt nirgend die Engel an sich / sondern den Samen Abraham nimt er an sich.

c.12.v.22. Sondern ihr seyd kommen zu dem Berge Zion/ und zu der Stadt des lebendigen Gottes/ zu dem himmlischen Jerusalem / und zu der Menge vieler tausend Engeln.

c.13.v.2. Gastfrey zu seyn vergesset nicht / denn durch dasselbige haben etliche/ ohn ihr Wissen/Engel beherberget.

Judä v.6. Auch die Engel / die ihr Fürstenthum nicht behielten/sondern verliessen ihre Behausung / hat er behalten zum Gerichte des grossen Tages.

Apoc.c.1.v.1. Diß ist die Offenbahrung JEsu Christi / die ihm GOtt gegeben hat seinen Knechten zu zeigen/ was in der Kürtze geschehen soll/ und hat sie gedeutet/ und gesandt durch seinen Engel zu seinem Knecht Johannes.

v.20. Die sieben Sternen sind Engel der sieben Gemeinen/

c.2, v.1. Und dem Engel der Gemeine zu Epheso schreibe.

v.8. Und dem Engel der Gem. zu Smyrnen schreibe.

v.12. Und dem Engel der Gem. zu Pergamon schreibe.

v.18. Und dem Engel der Gem. zu Thyatira schreibe.

c.3, v.1. Und dem Engel der Gem. zu Sardes schreibe.

v.5. Ich will seinen Nahmen bekennen für meinem Vatter und für seinen Engeln.

v.7. Und dem Engel der Gemeine zu Philadelphia schreibe.

v.14. Und dem Engel der Gemeine zu Laodicea schreibe.

c.5, v.2. Und ich sahe einen starcken Engel predigen mit grosser Stimm: Wer ist würdig diß Buch auffzuthun.

v.11. Und ich sahe/ und hörte eine Stimme vieler Engel umb den Stul/ und um die Thier/ und um die Eltesten her / und ihre Zahl war viel tausend mahl tausend.

c.7, v.1. Und darnach sahe ich 4. Engel stehen auf die 4. Ecken der Erden/ die hielten die 4. Winde der Erden.

v.2. Und sahe einen andern Engel auffsteigen von der Sonnen Auffgang/ der hatte das Siegel des lebendigen Gottes/und schrey mit grosser Stimm zu den 4. Engeln / welchen gegeben ist zu beschädigen die Erden / und das Meer.

Apoc.c.7. v.11. Und alle Engel stunden umb den Stul / und um die Eltesten / und um die 4. Thier / und fielen für dem Stul auf ihr Angesicht / und beteten GOtt an.

c.8, v.2. Und ich sahe 7. Engel/ die da troten für GOtt/ und ihnen wurden 7. Posaunen gegeben.

v.3. Und ein anderer Engel kam / und trat bey den Altar / und hatte ein gülden Rauchfaß.

v.4. Und der Rauch des Rauchwercks vom Gebet der H. gieng auf von der Hand des Engels für GOtt.

v.5. Und der Engel nahm das Rauchfaß/ und füllet es mit Feuer vom Altar.

v.6. Und die 7. Engel mit den 7. Posaunen hatten sich gerüstet zu posaunen.

v.7. Und der erste Engel posaunete / und es ward ein Hagel/ und ein Feuer mit Blut gemengt.

v.8. Und der andere Engel posaunete/ und es fuhr wie ein grosser Berg mit Feuer brennend ins Meer.

v.10. Und der dritte Engel posaunete / und es fiel ein grosser Stern vom Himmel/ der brandte wie ein Fackel.

v.12. Und der vierte Engel posaunete / und ward geschlagen das dritte Theil der Sonnen/ des Monds/ und der Sternen.

v.13. Und ich sahe / und höret einen Engel fliegen mitten durch den Himmel / und sagen mit grosser Stimme: Weh/ Weh/ Weh denen die auf Erden wohnen / für den andern Stimmen der Posaunen der dreyer Engel/ die noch posaunen sollen.

c.9, v.1. Und der fünffte Engel posaunete/ und ich sahe einen Stern gefallen vom Himmel auf die Erden / und ihm ward der Schlüssel zum Brunnen des Abgrunds gegeben.

v.11. Und hatten über sich einen König/ einen Engel aus dem Abgrund/ deß Namen heist auf Ebreisch Abaddon/ und auf Griechisch hat er den Namen Apollyon.

v.13. Und der sechste Engel posaunete / und ich höret eine Stimme aus den 4. Ecken des güldenen Altars für GOtt.

v.14. Die sprach zu dem sechsten Engel der die Posaunen hatte: Löse auf die 4. Engel/gebunden an den grossen Wasserstrom Euphrates.

v.15. Und es wurden die 4. Engel loß/ die bereit waren/ auf eine Stunde/und auf einen Tag.

c.10, v.1. Und ich sahe einen andern starcken Engel vom Himmel herab kommen / der war mit einer Wolcken bekleidet/ und ein Regenbogen auf seinem Haupt/ und sein Antlitz wie die Sonne/ und seine Füsse wie die Feuer-Pfeiler.

v.5. Und der Engel / den ich sahe stehen auf dem Meer / und auf der Erden / hub seine Hand auf gen Himmel.

v.7. Sondern in den Tagen der Stimme des 7. Engels/ wenn er posaunen wird/ so soll vollendet werden das Geheimnüß.

v.8. Und ich höret eine Stimme vom Himmel abermal/ ꝛc. Nimm das offne Büchlein von der Hand des Engels / der auf dem Meer und auf der Erden stehet.

v.9. Und ich gieng hin zum Engel / und sprach zu ihm: Gib mir das Büchlein.

v.10. Und ich nahm das Büchlein von der Hand des Engels/ und verschlangs.

c.11.v.15. Und der siebende Engel posaunete / und es wurden grosse Stimmen im Himmel / die sprachen: Es sind die Reich der Welt unsers HErrn und seines Christus worden/ und er wird regieren von Ewigkeit zu Ewigkeit.

c.12, v.7. Und es erhub sich ein Streit im Himmel / Michael und seine Engel stritten mit dem Drachen/ und der Drach streit und seine Engel.

Apoc.

Apoc.c.12.v.9. Und es ward aufgeworffen der grosse Drach die alte Schlange/ die da heißt der Teuffel und Satanas/ der die gantze Welt verführet/ und ward geworffen auf die Erden/ und seine Engel wurden auch dahin geworffen.
c.14.v.6. Und ich sahe einen Engel fliegen mitten durch den Himmel/ der hatte ein ewig Evangelium zu verkündigen.
v. 8. Und ein anderer Engel folget nach/ der sprach: Sie ist gefallen/ sie ist gefallen/ Babylon.
v. 9. Und der dritte Engel folget diesem nach/ und sprach mit grosser Stimme: So jemand das Thier/ ꝛc.
v.10.Und wird gequälet werden mit Feuer und Schweffel/ für den H. Engeln/ und für dem Lamm.
v.15.Und ein anderer Engel gieng auß dem Tempel/ und schrey mit grosser Stimme zu dem/ der auf der Wolcken saß: Schlag an mit deiner Sichel/ und erndte.
v.17.Und ein ander Engel gieng auß dem Tempel im Himmel/der hatte eine scharffe Hippen.
v.18.Und ein anderer Engel kam aus dem Altar/ der hatte Macht über das Feuer.
v.19.Und d. Engel schlug an mit seiner Hippen an die Erden/ und schneid die Reben der Erden.
c.15.v. 1. Sieben Engel/ die hatten die letzten 7. Plagen/ denn mit denselbigen ist vollendet der Zorn GOttes/ ꝛc.
v. 6. Und giengen aus dem Tempel die 7. Engel/ die die 7. Plagen hatten/ angethan mit reinen hellem Leinwand/ und umgürtet ihre Brüste mit güldenen Gürtlein.
v. 7. Und eines der 4. Thier gab den 7. Engeln 7. güldene Schalen voll Zorn Gottes.
v. 8. Und niemand kunte in den Tempel gehen/ biß daß die 7. Plagen der 7. Engel vollendet wurden.
c.16.v. 1. Und ich hörete eine grosse Stimme aus dem Tempel/ die sprach zu den 7. Engeln/ gehet hin und giesset die Schalen des Zorn Gottes auf die Erden.
v. 2. Und der erste Engel gieng hin und goß seine Schalen aus auf die Erden/ und es ward eine böse und arge Drüse an den Menschen.
v. 3. Und der ander Engel goß auß seine Schale ins Meer/ und es ward Blut.
v. 4. Und der dritte Engel goß aus seine Schale in die Wasser-Ströme/ und in die Wasser-Brunnen.
v. 5. Und ich höret den Engel sagen: HErr/ du bist gerecht/ der da ist/ und der da war/und heilig/ daß du solches geurtheilet hast.
v.7.Und ich höret einen andern Engel aus dem Altar sagen: Ja HERR/ allmächtiger GOtt/ deine Gerichte sind warhafftig und recht.
v. 8. Und der vierte Engel goß aus seine Schale in die Sonne/ und ward ihm gegeben/ dem Menschen heiß zu machen mit Feuer.
v.10.Und der fünffte Engel goß aus seine Schale/ auf den Stul des Thiers/ und sein Reich ward verfinstert/ und sie zubissen ihre Zungen für Schmertzen.
v.12.Und der sechste Engel goß aus seine Schale auf den grossen Wasser-Strom Euphrates/ und das Wasser vertrocknete.
v.17.Und der siebende Engel goß aus seine Schale in die Lufft/ und es gieng aus eine Stimme vom Himmel/ aus dem Stul/ die sprach: Es ist geschehen.
c.17.v. 1. Und es kam einer von den sieben Engeln/ die die 7. Schalen hatten/ redet mit mir/ und sprach zu mir: Komm ich will dir zeigen das Urtheil der grossen Huren.
v. 7. Und der Engel sprach zu mir: Warum verwunderst du dich/ ich will dir sagen das Geheimnuß von dem Weibe/ und von dem Thier.
Apoc.c.18.v. 1. Und darnach sahe ich einen andern Engel niederfahren vom Himmel/ der hatte eine grosse Macht/ und die Erden ward erleuchtet von seiner Klarheit.
v.21.Und ein starcker Engel hub einen grossen Stein auf/ als einen Mühl-Stein/ warff ihn ins Meer.
c.19.v.17.Und ich sahe einen Engel in der Sonnen stehen/ und der schrey mit grosser Stimmen/ und sprach zu allen Vögeln/ die unter dem Himmel fliegen.
c.20.v. 1. Und ich sahe einen Engel vom Himmel fahren/ der hatte den Schlüssel zum Abgrund.
c.21.v. 9. Und es kam zu mir einer von den 7. Engeln/ welche die 7. Schalen voll hatten/ der letzten 7. Plagen.
v.12.Und hatten grosse und hohe Mauren/ und hatte 12. Thor/ und auf den Thoren 12. Engel/ und Nahmen geschrieben.
v.17.Und er maß ihre Mauren hundert und vier und vierzig Ellen/ nach der Maß eines Menschen/ die der Engel hatte.
c.22.v. 6. Diese Wort sind gewiß und warhafftig/ und GOtt der Herr der H. Propheten hat seinen Engel gesandt/ zu zeigen seinen Knechten/ was bald geschehen muß.
v. 8. Und ich bin Johannes/ der solches gesehen und gehört hat/ und da ichs gehöret/ und sahe/ fiel ich nieder anzubeten zu den Füssen des Engels/ der mir solches zeiget.
v.16.Ich Jesus habe gesandt meinen Engel/ solches euch zu bezeugen an der Gemeine/ ich bin die Wurtzel David/ ein heller Morgen-Stern.

### Engel-Brod.

Psal.c.78.v.27. Sie assen Engel-Brod.
4.Esra.c.1.v.19. Da hatte ich Mitleiden über euer Seufftzen/ und gab euch Manna zu essen/ Engel-Brod habe ihr gessen.

### Engel-Speiß.

Sap.c.16.v.20. Dagegen nehrest du dein Volck mit Engel-Speise/ und sendest ihnen Brod bereit vom Himmel.

### Cherubim.

Gen.c. 3.v.24. Und trieb Adam aus/ und lagert für den Garten Eden den Cherubim mit einem blossen Haw-nden Schwerdt/ zu bewahren den Weg zu dem Baum des Lebens.
Exod.c.25.v.18.Und solt zween Cherubim machen/ von dichtem Golde/ zu beyden Enden des Gnaden-Stuls.
v.19.Daß ein Cherub sey an diesem Ende/ der ander an dem andern Ende/ und also zween Cherubim seyn an des Gnaden-Stuls Ende.
v.20.Und die Cherubim sollen ihre Flügel ausbreiten oben über her.
v.22.Von dem Ort will ich dir zeugen/ und mit dir reden/ nemlich von dem Gnaden-Stul/ zwischen den zween Cherubim.
c.26.v. 1. Die Wohnung solt du machen von zehen Teppichen/ von weisser gezwirneter Seiten/von gelber Seiten/ von Scharlachen und Rosinroth/ Cherubim solt du dran machen künstlich.
v.31.Wie vor gemeldt/ v. 1.
c.36.v. 8. Wie vor gemeldt/ dieselbe Wort/ Cherubim künstlich.
v.35.Und machte den Fürhang mit den Cherubim dran/ künstlich mit gelber Seiden/ Scharlacken/ Rosinroth und gezwirnter Seiden.
c.37.v. 7. Und machte zweene Cherubim von dichtem Golde/ an die zwey Ende des Gnadenstuls.

Exod.37.

Exod.c.37.v. 8. Einen Cherub an diesem Ende/ den andern an jenem Ende.
v. 9. Und die Cherubim breiteten ihre Flügel aus von oben her/ und deckten damit den Gnaden-Stul/ und ihre Antlitz stunden gegen einander/ und sahen auf den Gnaden-Stuhl.

Num.c.7. v.89. Und wenn Mose in die Hütten des Stiffts gieng/ daß mit ihm geredt würde/ so hörete er die Stimme mit ihm reden von dem Gnaden-Stul/ der auf der Lade des Zeugnüß war/ zwischen den zween Cherubim/ von dannen ward mit ihm geredet.

1.Sam. 4. v. 4. Und das Volck sandte gen Silo/ und ließ von dannen holen die Lade des Bunds des HERRN Zebaoth/ der über dem Cherubim sitzet.

2.Sam. 6. v. 2. Daß er die Laden GOttes von dannen her auf holete/ welcher Namen heisset/ der Nahme des HERRN Zebaoth wohnet darauf über den Cherubim.

1.Reg.c.6. v.23. Er macht auch im Chor zween Cherubim/ zehen Ellen hoch/ von Oelbaum-Holtz.
v. 24. Fünff Ellen hatte ein Flügel eines jeglichen Cherub.
v. 25. Also hatte der ander Cherub auch zehen Ellen/ und war einerley Maße/ und einerley Raum beyde Cherubim.
v. 26. Daß also ein jeglicher Cherub zehen Ellen hoch war.
v. 27. Und er that die Cherubim inwendig ins Hauß/ und die Cherubim breiteten die Flügel aus/ daß eines Flügel rührete an diese Wand/ und des andern Cherub Flügel rührte an die ander Wand/ aber mitten im Hause rührte ein Flügel den andern.
v. 28. Und er überzoge die Cherubim mit Golde.
v. 29. Und allen Wänden des Hauses umb und umb ließ er Schnitzwerck machen/ von ausgehöhlten Cherubim/ Palmen und Blumwerck/ inwendig und auswendig.
v. 32. Und ließ Schnitzwerck darauf machen von Cherubim.
v. 35. Und machte Schnitzwerck darauf von Cherubim/ Palmen und Blumwerck/ und überzog sie mit Golde/ recht/ wie es befohlen war.

c. 7. v. 29. Und an den Seiten zwischen den Leisten waren Löwen/ Ochsen und Cherubim.
v. 36. Und er ließ auf die Fläche derselben Seiten graben Cherubim/ Löwen und Palmen-Bäum.

c. 8. v. 6. Also brachten die Priester die Lade des Bunds des HErrn an ihren Ort/ in den Chor des Hauses/ in das Allerheiligste/ unter die Flügel der Cherubim.
v. 7. Denn die Cherubim breiteten die Flügel aus an den Ort/ da die Lade stund.

2.Reg.19. v. 15. Hiskia betet für dem HERRN und sprach: HERR GOtt Israel/ der du über Cherubim sitzest/ du bist allein GOtt.

1.Chron.c.14.v. 6. Daß er von dannen empor brächte die Lade GOttes des HErrn/ der auf dem Cherubim sitzt/ da der Namen angeruffen wird.

c. 29.v. 18. Auch ein Fürbild des Wagens der güldenen Cherubim.

2.Chron.c. 3. v. 7. Und überzog die Balcken oben an/ und die Wände/ und die Thüre mit Gold/ und ließ Cherubim schnitzen an die Wand.

v. 11. Die Länge am Flügeln an den Cherubim war zwaintzig Ellen/ daß ein Flügel fünff Ellen hatte/ und rührete an die Wand des Hauses/ und der ander Flügel auch fünff Ellen hatte/ und rührete an den Flügel des andern Cherub.

2.Chron.c. 3. v.12. Wie im 11. Vers zu lesen.
v. 13. Und die Flügel der Cherubim waren ausgebreitet zwantzig Ellen weit/ und sie stunden auf ihren Füssen/ und ihr Antlitz ward gewandt zum Hause-werts.
v. 14. Er machte einen Fürhang von Gelwerck/ Scharlacken/ Rosinroth und Leinwerck/ und macht Cherubim darauf.

c. 5. v. 7. In den Chor des Hauses/ in das Allerheiligste/ unter die Flügel der Cherubim.
v. 8. Daß die Cherubim ihre Flügel ausbreiteten über die Stette der Laden/ und die Cherubim bedeckten die Lade und ihre Stangen von oben her.

Psal. c. 80. v. 2. Du Hirte Israel höre/ der du Joseph hütest/ wie der Schafe/ erscheine/ der du sitzest über Cherubim.

c.99.v. 1. Der HErr ist König/ darum toben die Völcker/ er sitzet auf Cherubim/ darum reget sich die Welt.

Esaia c.37.v.16. HErr Zebaoth/ du GOtt Israel/ der du über Cherubim sitzest/ du bist allein GOtt über alle Königreiche auf Erden.

c.9. v. 3. Und die Herrlichkeit des Gottes Israel erhub sich von dem Cherub/ über der sie war/ zu der Schwellen am Hause.

Ezech.c.10.v. 1. Und ich sahe/ und sihe/ am Himmel über dem Haupt der Cherubim/ war es gestalt wie ein Saphir/ und über demselbigen war es gleich anzusehen/ wie ein Thron.
v. 2. Gehe hinein zwischen die Räder unter den Cherub/ und fasse die Hände voll glüender Kohlen/ so zwischen den Cherubim sind/ und streue sie über die Stadt.
v. 3. Die Cherubim aber stunden zur Rechten am Hause/ und der Vor-Hof ward inwendig voll Nebels.
v. 4. Und die Herrlichkeit des HErrn erhub sich von dem Cherub zur Schwellen am Hause/ und das Hauß ward voll Nebels/ und der Vor-Hof voll Glantzes/ von der Herrlichkeit des HErrn.
v. 5. Und man höret die Flügel der Cherubim rauschen/ biß heraus vor den Vorhoff/ wie ein Stimm des Allmächtigen GOttes/ wann er redet.
v. 6. Und da er dem Mann in Leinwad gebotten hatte/ und gesagt/ nimm Feuer zwischen den Rädern unter den Cherubim/ gieng derselbige hinein/ und trat bey das Rad.
v. 7. Und der Cherub streckte seine Hand heraus/ zwischen den Cherubim/ zum Feuer/ das zwischen den Cherubim war/ nahm davon/ und gabs dem Mann in Leinwand/ in die Hand.
v. 8. Und erschein an den Cherubim/ gleich wie eines Menschen Hand unter ihren Flügeln.
v. 9. Und ich sahe/ und sihe/ 4. Räder stunden bey den Cherubim/ bey einem jeglichen Cherub ein Rad/ und die Räder waren anzusehen wie ein Türkis.
v. 14. Ein jegliches hatte 4. Angesicht/ das erste Angesicht war ein Cherub/ das andere ein Mensch/ das dritte ein Löw/ das vierdte ein Adler.
v. 15. Und die Cherubim schwebeten empor. Es ist eben das Thier/ das ich sahe am Wasser Chebar.
v. 16. Wenn die Cherubim giengen/ so giengen die Räder auch neben ihnen/ und wenn die Cherubim ihre Flügel schwungen/ daß sie sich von der Erden erhoben/ so lenckelten sich die Räder auch nicht von ihnen.
v. 18. Und die Herrlichkeit des HERRN gieng wieder aus von der Schwelle am Hause/ und stellet sich über die Cherubim.
v. 19. Da schwungen die Cherubim ihre Flügel/ und erhuben sich von der Erden für meine Augen.

Ezech.

Ezech.c.10.v.20. Das ist das Thier / das ich unter dem GOtt Jsrael sahe/ am Wasser Chebar/ und merckete daß es Cherubim wären.

c.11.v.22. Da schwungen die Cherubim ihre Flügel/ und die Räder giengen neben ihnen / und die Herrlichkeit des GOttes Jsrael war oben über ihnen.

c.41.v.18. Und am gantzen Hause herum / von unten an / bis oben hinauf / an der Thür und an den Wänden/ waren Cherubim/ und Palmlaubwerck über die Cherub gemacht.

v.19. Und ein jeder Cherub hatte zween Köpffe / auf einer Seiten wie ein Menschen Kopff/ auf der andern Seiten wie ein Löwen-Kopff.

v.20. Vom Boden an bis hinauf über die Thür waren die Cherubim und die Palmen geschnitten/ deßgleichen an der Wand des Tempels.

v.25. Und waren auch Cherubim / und Palmlaubwerck daran / wie an den Wänden.

Syrach c.49.v.10. Hesekiel sahe die Herrlichkeit des HErren im Gesichte / welche er ihm zeiget auf dem Wagen Cherubim.

Gesang der 3. Männer v.5. Gelobet seyst du/ der du sitzest auf den Cherubim.

Heb.c.9.v.5. Oben drüber aber waren die Cherubim der Herrlichkeit/ die überschatteten den Gnaden-Stuhl.

### Seraphim.

Esai c.6. v.2. Seraphim stunden über ihm / ein jeglicher hatte sechs Flügel/ mit zween deckten sie ihr Antlitz/ mit zween deckten sie ihre Füsse/ und mit zweyen flogen sie.

v.3. Und einer rieff zum andern / und sprach: Heilig/ Heilig/ Heilig ist der HErr Zebaoth/ alle Land sind seiner Ehren voll.

v.6. Da flog der Seraphim einer zu mir/ und hatte eine glühende Kohlen in der Hand / die er mit der Zangen vom Altar nahm.

### Männer.

Genes.c.18.v.2. Und als er seine Augen aufhub / und sahe/ da stunden drey Männer gegen ihm.

v.16. Da stunden die Männer auf von dannen/ und wandten sich gegen Sodom/ und Abraham gieng mit ihnen / daß sie geleitete.

Genes.c.19.v.5. Wo sind die Männer die zu dir kommen sind diese Nacht / führe sie heraus zu uns.

v.8. Allein diesen Männern thut nichts / denn darum sind sie unter die Schatten meines Daches eingegangen.

v.10. Griffen die Männer hinaus / und zogen Loth hinein zu ihnen ins Haus/ und schlossen die Thür zu.

v.12. Und die Männer sprachen zu Loth: Hast du auch irgend hie einen Eidam / und Söhne und Töchter.

v.16. Da er aber verzog / ergriffen die Männer ihn und sein Weib/ und seine zwo Töchter bey der Hand.

Josua c.5.v.13. Und es begab sich / da Josua bey Jericho war/ daß er seine Augen aufhub/ und war gewahr/ daß ein Mann gegen ihm stund/ und hatte ein bloß Schwerdt in seiner Hand.

Daniel c.7. v.16. Und ich gieng zu deren einem/ die da stunden/ und bath ihn/ daß er mir von dem allem gewissen Bericht gebe.

c.8. v.15. Und da ich/ Daniel/ solch Gesicht sahe/ und hätte es gerne verstanden / siehe / da stund für mir wie ein Mann.

c.9. v.21. Eben da ich so redet in meinem Gebet / flog daher der Mann.

c.10. v.5. Und hub meine Augen auf / und sahe/ und siehe / da stund ein Mann in Leinwand.

Daniel c.10. v.16. Und siehe / einer / gleich einem Menschen/ rühret meine Lippen an.

v.18. Da rühret mich abermahl an einer gleich wie ein Mensch gestalt / und stärcket mich.

c.12. v.50. Und da ich/ Daniel/ sahe/ und siehe/ es stunden zween andere da / einer an diesem Ufer des Wassers/ der ander an jenem Ufer.

v.51. Und er sprach zu dem in seinen Kleidern/ der ober dem Wasser stund: Wann wills doch ein End seyn mit solchen Wundern?

v.52. Und ich hörete zu dem in seinen Kleidern/ der oben am Wasser stund/ und er hub seine rechte und lincke Hand auf gen Himmel.

Ezech. c.9. v.2, v.3, v.11.
c.10. v.2, v.6, v.7.

Zach. c.1. v.8. Ich sahe bey der Nacht/ und siehe/ ein Mann saß auf einem rothen Pferd / und er hielt unter den Myrten.

v.10. Und der Mann der unter den Myrten hielt / antwortete und sprach: diese sind / die der HERR ausgesandt hat / das Land durch zu ziehen.

c.2. v.1. Und ich hub meine Augen auf / und sahe/ und siehe/ ein Mann hatte eine Meßschnur in der Hand.

2.Macc. c.10. v.29. Als nun die Schlacht am heftigsten war/ erschienen den Feinden vom Himmel fünff herrliche Männer auf Pferden mit güldenen Zäumen/ die für den Juden zogen.

v.30. Und zween hielten neben dem Maccabeo/ und beschützten ihn mit ihren Wehren/ daß ihn niemand verwunden kunte/ und schossen Pfeil und Donner Strahl in die Feinde / daß sie geblendet und flüchtig worden.

Luc. c.24. v.4. Und da sie darumb bekümmert waren/ sihe/ da treten bey sie zween Männer mit glantzenden Kleidern.

Actor. v.1. c.10. Und als sie ihm nachsahen gen Himmel fahren / sihe / da stunden bey ihnen zween Männer in weissen Kleidern.

### Junge Gesellen.

Tob. c.5. v.5. Da gieng der junge Tobias hinaus / und fand einen feinen Jungen Gesellen.

Marc. c.16. v.5. Und sie giengen hinein in das Grab/ und sahen einen Jüngling zur rechten Hand sitzen / der hatte ein lang weiß Kleid an.

### Fürst über das Heer des HErren.

Josua c.5. v.14. Er sprach Nein / sondern ich bin ein Fürst über das Heer des HERRN / und bin jetzt kommen.

v.15. Und der Fürst über das Heer des HErren sprach zu Josua / zeuch deine Schuch aus.

### Ertz-Engel.

4. Esra. c.4. v.36. Jeremiel/ der Ertz-Engel sprach: Wann unter euch wird die Zahl des Saamens erfüllet werden.

1.Thessal. c.4. v.16. Er selbst / der HERR/ wird mit einem Feld-Geschrey/ und Stimme des Ertz-Engels/ und mit der Posaunen GOttes herunder kommen vom Himmel.

Epistel Jud. v. 9. Michael aber der Ertz-Engel / da er mit dem Teuffel zanckete.

## Michael.
### Fürst dreymahl in diesem.

Dan. c. 10. v. 13. Und sihe/ Michael der fürnehmsten Fürsten einer kam mir zu Hülffe / da behielt ich den Sieg bey dem König in Persien.

c. 11. v. 1. Und ist keiner / der mir hilfft / wider jenen/ denn nur Fürst Michael.

c. 12. v. 46. Zur selbigen Zeit / wird der grosse Fürst Michael / der für dein Volck stehet / sich aufmachen / denn es wird eine solche trübseelige Zeit seyn.

Epist. Jud. v. 9. Michael aber der Ertz-Engel / da er mit dem Teuffel zanckete/ und mit ihm redete über den Leichnam Mose.

Apoc. c. 12. v. 7. Und es erhub sich ein Streit im Himmel / Michael und seine Engel stritten mit dem Drachen.

### Gabriel.

Dan. c. 8. v. 16. Und ich höret zwischen Ulai eines Menschen Stimm / der rieff und sprach: Gabriel / lege diesem das Gesicht aus / daß ers verstehe.

c. 9. v. 21. Eben da ich so redet in meinem Gebet / flog daher der Mann Gabriel / den ich vorhin gesehen hatte.

Luc. c. 1. v. 26. Und im sechsten Mond ward der Engel Gabriel gesandt von GOtt / in eine Stadt in Galilea / die heisset Nazareth / zu einer Jungfrau.

### Raphael.

Tob. c. 3. v. 25. Und der Heilige Raphael / der Engel des HERRN ward gesandt / daß er ihnen beyden hülffe.

c. 5. v. 18. Und der Engel Raphael sprach: Sey zu frieden.

c. 6. v. 17. Da sprach der Engel Raphael/ höre zu/ ich will dir sagen / über welche der Teuffel Gewalt hat.

c. 8. v. 3. Und der Engel Raphael nahm den Geist gefangen/ und band ihn in die Wüsten/ ferne in Egyptenland.

c. 12. v. 15. Und ich bin Raphael/ einer von den sieben Engeln / die für dem HErrn stehen.

### Uriel.

4. Esra. c. 4. v. 1. Da antwortete mir ein Engel / mit Namen Uriel/ der zu mir gesandt ward/ und sprach zu mir.

c. 5. v. 20. Und ich fastete sieben Tage / weinete und heulete / wie mir der Engel Uriel befohlen hat.

c. 10. v. 28. Und ich fürchte mich/ und rieff mit lauter Stimm / und sprach: Wo ist der Engel Uriel.

### Jeremiel.

4. Esra. c. 4. v. 36. Darauff antwortete Jeremiel / der Ertz-Engel/ und sprach.

### Morgen-Stern.

Job. c. 38. v. 7. Wo warest du/ da mich die Morgenstern miteinander lobten.

### Kinder GOttes:

Job. c. 38. v. 7. Und juchheten alle Kinder GOttes.
Luc. c. 20. v. 35. Denn sie sind den Engeln gleich/ und GOttes Kinder / dieweil sie Kinder sind der Auferstehung.

### Starcken in Israel.

Hohelied c. 3. v. 7. Sihe/ umb das Bette Salomo her stehen sechtzig Starcken in Israel.

v. 8. Sie halten alle Schwerdter/ und sind geschickt zu streiten. Ein jeglicher hat sein Schwerdt an seiner Hüfften / umb der Furcht willen in der Nacht.

### Unsichtbare.

Col. c. 1. v. 16. Durch ihn (den Sohn GOttes) ist alles geschaffen/ das im Himmel und auf Erden ist/ das Sichtbare und Unsichtbare / beyde die Thronen und Herrschafften / Fürstenthum und Obrigkeiten.

### 4. Thier.

Apoc. c. 4. v. 8. Und ein jegliches der 4. Thieren hatte 6. Flügel umbher / und waren inwendig voll Augen/ und hatten keine Ruhe Tag und Nacht/ und sprachen: H. H. H. ist GOtt der HErr der Allmächtige / der da war / und der da ist/ und der da kommt.

c. 7. v. 11. Und umb die 4. Thier / und fielen für dem Stul auf ihr Angesicht/ und beteten Gott an.

### Götter.

Psal. c. 138. v. 1. Ich dancke dir von gantzem Hertzen/ für den Göttern will ich dir lobsingen.

Daniel c. 3. v. 26. Und der vierdte ist gleich als wäre er ein Sohn der Götter.

### Wagen Gottes.

Psal. c. 68. v. 18. Der Wagen GOttes ist viel tausend mahl tausend.

### Feurige Roß und Wagen.

2. Kön. c. 2. v. 11. Und da sie miteinander giengen / und er redet / sihe/ da kam ein feuriger Wagen mit feurigen Rossen/ und scheideten die beyden von einander / und Elia fuhr also im Wetter gen Himmel.

c. 6. v. 17. Und Elisa betet / und sprach: HErr öffne ihm die Augen daß er sehe / da öffnete der HErr dem Knaben seine Augen / daß er sahe / und sihe/ da war der Berg voll feuriger Roß und Wagen um Elisa her.

### Knie beugende im Himmel.

Phil. c. 2. v. 9. GOtt hat JEsum erhöhet / und hat ihm einen Nahmen gegeben / der über alle Namen ist/ daß in dem Namen JESU sich beugen sollen alle der Knie / die im Himmel / und auf Erden/ und unter der Erden sind.

### Himmlische Heer.

1. König. c. 22. v. 19. Ich sahe den HErrn sitzen auf seinem Stul/ und alles Himmlische Heer neben ihm stehen zu seiner Rechten und Lincken.

Nehem. c. 9. v. 6. HERR du bists alleine / du hast gemachet den Himmel und aller Himmel Himmel mit all ihrem Heer.

Psal. c. 33. v. 6. Der Himmel ist durchs Wort des HErrn gemacht/ und all sein Heer durch den Geist seines Mundes.

c. 130. v. 21. Lobet den HERRN alle seine Heerscharen.

c. 148. v. 2. Lobet ihn alle sein Heer.

4. Esra. c. 6. v. 3. Heerscharen.

c. 8. v. 21. Heerscharen.

Wächter.

### Wächter.

Dan. c. 4. v. 10. Und ich sahe ein Gesichte auf meinem Bette/ und sihe/ ein heiliger Wächter fuhr vom Himmel herab.

v. 14. Solches ist im Rath der Wächter beschlossen.

### Feuerflammen.

Psal. c. 104. v. 4. Und deine Diener zu Feuerflammen.
Ebr. c. 1. v. 7. Und seine Diener Feuerflammen.

### Diener.

Psal. c. 103. v. 21. Seine Diener die ihr seinen Willen thut.
Dan. c. 7. v. 10. Tausentmahl tausend dieneten ihm / und zehen hunderttmahl tausend stunden vor Ihm.

### Boten.

Tob. c. 5. v. 18. Ists nicht gnug / daß du einen Boten hast / was darffst du wissen / woher ich bin?

### Winden.

Zach. c. 6. v. 5. Vier Wind.
Psal. c. 104. v. 4. Du machest deine Engel zu Winden.

### Erschröckliche.

3. Macc. c. 6. v. 16.

### Hellglänzende.

3. Macc. c. 6. v. 16.

### Geister.

Ebr. c. 1. v. 7. Er macht seine Engel Geister.
v. 14. Sind sie nicht allzumal dienstbare Geister.

### Grausamer.

Sprüchw. Sal. c. 17. v. 11. Ein bitterer Mensch trachtet Schaden zu thun / aber es wird ein grausamer Engel über ihn kommen.

### Kriegs-Leuthe.

Job c. 25. v. 3. Wer will seine Kriegs-Leuthe zehlen.

### Reuter.

2. Macc. c. 3. v. 25. Denn sie sahen ein Pferd / das wohl geschmückt war / darauff saß ein schrecklicher Reuter / das rennet mit aller Macht auf den Heliodorum zu / und stieß ihn mit den föderen zweyen Füssen / und der Reuter auf dem Pferde hatte einen gantzen güldenen Harnisch an.

c. 11. v. 8. Und zogen also mit einander aus / als bald sie aber für der Stadt Jerusalem hinauß kamen / erschiene ihnen einer zu Roß in einem weissen Kleide / und gülden Harnisch / und zog für ihnen her.

### Gehülffe.

2. Macc. c. 11. v. 10. Mit einem solchen Muth reisete der gantze Zug fort samt ihrem Gehülffe.

### Verderber.

Exod. c. 12. v. 23. Denn der HErr wird umbher gehen / und die Egypter plagen / und wenn er das Blut sehen wird an der Uber-Schwellen / und an den zweyen Pfosten / wird er für der Thür übergehen / und den Verderber nicht in eure Häuser kommen lassen zu plagen.

1. Chron. c. 22. v. 15. Und im Verderben sahe der HERR drein / und reuet Ihn das Übel / und sprach zum Engel / dem Verderber / es ist gnug / laß deine Hand ab.

2. Sam. c. 24. v. 16. Und sprach zu dem Engel / zu dem Verderber im Volck: Es ist gnug / laß nun deine Hand ab.

SANCTVS
SANCTVS
SANCTVS
EST DOMINVS
DEUS
ZEBAOTH

## Der bösen Geister Nahmen.

| | | | |
|---|---|---|---|
| 2. Corint. 4. v. 4. | Gott dieser Welt. | Ephes. 6. v. 16. | Böswicht. |
| Hiob 41. v. 25. | Ein König über alle Stoltzen. | 1. Johan. 2. v. 13, 14 | |
| Ephes. 2. v. 2. | Fürst der in der Lufft herrschet. | Offenb. c. 12. v. 3. | Grosser rother Drach. |
| Johan. 12. v. 31. | Fürst dieser Welt. | Offenb. 12. v. 4. 7. 9. 17 | Drachen. |
| Ephes. 6. v. 12. | Wir haben nicht mit Fleisch und Blut zu kämpffen / sondern mit Fürsten. | 13. v. 4 20. v. 2 | |
| | | Psal. 91. v. 13. | |
| Col. 2. v. 15. | Christus hat ausgezogen die Fürstenthum und die Gewaltiger. | Matth. 13. v. 19. | Der Arge. |
| | | 2. Thess. 3. v. 3. | Dem Argen. |
| Dan. 10. v. 13. | Fürst des Königreichs in Persenland. | Matth. 13. v. 25. 28. 39. | Feind. |
| Dan. 10. v. 20. | Fürst auß Griechenland. | Luc. 10. v. 19 | Des Feindes. |
| Ephes. 6. v. 12. | Herr dieser Welt. | 1. König. 22. v. 21. | Verredender Geist. |
| Coloss. 1. v. 13. | Obrigkeit der Finsternuß. | v. 22. 23. | Falscher Geist. |
| Matth. 10. v. 26. Luc. 11. v. 15. | Beelzebub / Mucken König. | Luc. 11. v. 26 | Nimbt sieben Geister zu sich / die ärger sind denn er selbst. |
| Matth. 12. v. 24. | Beelzebub der Teuffel Oberste. | 1. Sam. 16. v. 14. | Böser Geist. |
| Esai 14. v. 12. | Lucifer / oder Morgen-Stern. | Ephes. 6. v. 12, 16. | Bösen Geistern unter dem Himmel. |
| Offenbahr. 12. v. 15. 16. 17. | Streiter wider die Christliche Kirch. | Tob. 8. v. 3. Ephes. 2. v. 2. | Geist. |
| Offenb. 12. v. 13. | Verführer der gantzen Welt. | Esai 19. v. 14 | Schwindel-Geist. |
| v. 14. | Verfolger. | Marc. 5. v. 9. 13. 6. v. 7. | Unreiner Geist. |
| Offenb. 9. v. 11. | Ein König / ein Engel auß dem Abgrund / sein Nahm Abaddon Apollyon ein Verderber und Verwüster. | Luc. 11. v. 24 | Unsauberer Geist. |
| | | Luc. 4. v. 33 | Unsauberer Teuffel. |
| | | Tob. 6. v. 8 | Allerley böse Gespenst. |
| Epist. Jud. v. 6. | Engel die ihr Fürstenthum nicht behielten. | Sprüchw. Salom. 23. v. 7 | Gespenst. |
| 2. Cor. 11. v. 14. | Verstellet sich zum Engel des Liechts. | Matth. 4. v. 3 1. Thess. 3. v. 5 | Versucher. |
| 2. Cor. 12. v. 7. | Satans Engel der mit Fäusten schlägt. | Job. 8. v. 44 | Lügner. |
| Prov. 17. v. 11. | Grausamer Engel. | Joh. 8. v. 44 | Ein Vatter der Lugen. |
| 2. Cor. 6. v. 15. | Belial. | Marc. 5. v. 9 Luc. 8. v. 30 | Legion. |
| Psal. 106. v. 37. Matth. 4. v. 1. Matth. 7. v. 22. Luc. 4. v. 2. 3. 5. 13. Johan. 13. v. 2. Johan. 8. v. 44. 48. 49. 52. Ephes. 6. v. 11. 1. Petri 5. v. 8. 1. Johan. 3. v. 8. 10. Epist. Jud. v. 9. | Teuffel. | Johan. 8. v. 44 | Mörder von Anfang. |
| | | Hiob 1. v. 7 | Landfahrer. |
| | | 1. Pet. 5. v. 8 | Brüllender Löw. |
| | | 1. Pet. 5. v. 8 | Widersacher. |
| | | Offenb. 6. v. 4 | Rother Reuter. |
| Hiob 1. v. 6. 8. 9. 12. Psal. 109. v. 6. Zach. 3. v. 2. Matth. 16. v. 23. Luc. 22. v. 31. Johan. 13. v. 27. | Satanas. | Psal. 91. v. 3 | Jäger. |
| | | Psal. 124. v. 7 | Vogler. |
| | | Johan. 10. v. 12 | Wolff. |
| | | Hiob 41. v. 1 Esai 27. v. 1 | Leviathan. |
| Esai 49. v. 24. 25 | Starcke Risen. | | |
| Luc. 10. v. 18. | Satanas vom Himmel gefallen alß ein Blitz. | Psal. 91. v. 13 | Otter. |
| | | Gen. 3. v. 1. 2. 4. 13. 14 Offenb. 12. v. 14. 15 | Schlang. |
| Tob. 3. v. 8. | Ein böser Geist Asmodi genannt / hat sieben Männer getödt. | Apoc. 12. v. 9. 20. v. 2 | Die alte Schlang. |
| Eph. 6. v. 12 | Gewaltiger. | | |
| Luc. 11. v. 21. | Starcker Gewappneter. | Esai 27. v. 1. | Schlechte Schlang / krumme Schlang. |

## E N D E.